中央民族大学自主科研项目（1112KYZY18）研究成果

民族地区中小企业融资信用担保体系建设研究

梁积江　著

中国财经出版传媒集团
中国财政经济出版社

图书在版编目（CIP）数据

民族地区中小企业融资信用担保体系建设研究/梁积江著．—北京：中国财政经济出版社，2017.10

ISBN 978－7－5095－7722－6

Ⅰ.①民…　Ⅱ.①梁…　Ⅲ.①少数民族－民族地区－中小企业－融资－研究－中国②少数民族－民族地区－中小企业－贷款担保－研究－中国
Ⅳ.①F279.243②F832.4

中国版本图书馆CIP数据核字（2017）第219472号

责任编辑：胡　博　　　　责任校对：李　丽
封面设计：孙俪铭　　　　版式设计：齐　杰

中国财政经济出版社 出版

URL：http：//www.cfeph.cn

E－mail：cfeph@cfeph.cn

社址：北京市海淀区阜成路甲28号　邮政编码：100142

营销中心电话：88190406　北京财经书店电话：64033436　84041336

北京财经印刷厂印刷　各地新华书店经销

787×1092毫米　16开　13.75印张　210 000字

2017年10月第1版　2017年10月北京第1次印刷

定价：49.00元

ISBN 978－7－5095－7722－6

（图书出现印装问题，本社负责调换）

本社质量投诉电话：010－88190744

打击盗版举报热线：010－88190414　QQ：447268889

前言

preface

五年前，当“民族地区中小企业融资担保问题研究”被所供职的中央民族大学以自主科研项目（1112KYZY18）立项后，甚是喜悦，掐指算来，这是我到中央民族大学第十个年头以来，获得的第二项科研立项项目，尽管支持资金依然有限，但不得不认在民族院校要获得项目资金支持，项目必须以民族、民族地区、少边地区、扶贫等字样为主这个理。按照项目的进程要求，我和我的学生（学生以研究生为主）先后去甘肃临夏回族自治州、甘南藏族自治州、嘉峪关市、内蒙古自治区赤峰市、宁夏回族自治区银川市等地进行考察调研，自己或要求学生泡图书馆，上网查找文献资料，修正立项时的写作大纲，撰写调研报告、研究论文以及立项的最终成果《民族地区中小企业融资信用担保体系建设研究》，现该成果即将完成出版，呈现给大家。说真的有些诚惶诚恐，虽然课题已进行到尾声，但仍感到有些许不满意的地方。历经较长时间，但终难完善这为其一；民族地区中小企业融资信用担保体系建设很难有特色，有了民族地区字样，自然少不了“落后”、“差距”，除此之外，没什么新意（自己认为），此为其二；在管理学科特别是企业管理专业研究上，经过这么多年的历练，总觉得民族特色研究是一个难题，不易突破创新，身边的事和物都可以佐证，此为其三。因此要说到现在这样一个研究结果，只能算是课题结项的标志，往好里说，这个成果适应范围要宽泛得多，不仅仅限于民族地区。还是想坚持自己奉行的观点，民族院校的管理学科应该更多研究学科共性的、一般性的东西，尽管受到过非议，也饱尝圈外的“苦待遇”和科研中的“茫然”与“不知所措”。2008 年出版过《趋同与融合：民族地区区域经济一体化》一书，曾作过一些努力，自己亦认为有观点、有见地，但最终只不过是对立项要求的交代与对自己“评职称”的满足，仅此而已，有些心灰意冷，更有些不知所措。但愿，现在这本研究专著能有所改观，尽管自己不抱任何“希冀”与“幻想”。也有人提醒，民族院校就是高校中的民族地区，要吃“民族饭”、打“民族牌”、唱“民族歌”，但我总有些“水土不服”，奖励、荣誉一概拒之门外（自己不申报也不被申报）。时至今日，仍固执地坚持“管理科学”的一般性与共性依然是主题，就像不能有“民族会计学”、“民族数学”一样。学者的本职工作是做研究，如果认为某些研究内容、观点有问题，可以提出建议与不同观点，这是一个学者的良知和责任，更是义务，作为专业领域的研究者是有这样的条件与便利的。

回过头来，还是叨叨一下，现在的这本书，有这样几点：一是在研究中应该说很注重“民族”的特色与烙印，但还是很难信服。二是内容尽管想局限在“中小企业”、“信用担保”，但写作过程中又觉得取舍不易，更觉得都没有交代清楚，有些如果是只从一般性出发的话，不需更多的解释和阐述，一旦想体现些特色，又觉得需要些“笔墨”。三是整个研究过程中，还是有所收获，去了不少民族地区，有了更多的认识与理解，对“信用担保”的研究有了更为系统和全面的了解，有些研究内容更是我 2008 年那本拙著的深化与具体。似乎冥冥之中，有一条线，这也正是想要寻找的……还有我的研究生参与其中，收获颇丰。一位学生的学位论文以此为内容，顺利通过答辩，走上相关工作岗位，另一位同学将又以此为研究内容，撰写学位论文，并在论文中提出了新的视角和观点，还有其他同学参与撰写研究报告，或参与本书的写作。说到此处，我也正要感谢李严、田琳、吴峤屹、胡熠这几位同学。某种意义上说，没有他们的参与，本研究很难达到现在这个研究程度，很难完成，我在这里郑重地谢谢大家。在这里要特别强调的是，在研究中运用了大量别人的研究成果，有些整段、甚至整篇地拿来用了，尤其是一些政策性的东西，我直接地“搬过来”了，对于原文作者我在此一一表示感谢，并希望大家宽恕。最后，要感谢我的学校在立项和调研过程中给予的支持和帮助。由于时间的限制，书中的不足和错误在所难免，恳请各位读者批评指正。

目录
contents

第一章

中小企业在民族地区经济发展的地位和作用

第一节 中小企业的界定

科学而合理地界定企业概念在于了解与把握不同的企业结构与不同规模的企业，并为制定企业发展规划，完善企业扶持体系，提供客观的政策依据。

中小企业的概念有广义与狭义之分。广义的中小企业一般是指国家确认为大型企业以外的所有企业；狭义的中小企业则不包括微型企业（微型企业是指雇佣人数8人以下的独资、合资企业或注册登记的家庭组织）。中小企业的划分标准一般都是以雇佣人数、销售额、资产总额标准中的任意一项或几项来划分的。从全球范围来看，意大利偏向于以人数来划分，日本、美国则是以人数、销售额及资产总额等标准来划分的。不同行业的标准之间也是有差别的。总体来看，划分中小企业的标准具有三个特征：一是从事人员的数量；二是行业之间的详细标准不同；三是各国的标准都具有相当的灵活性和可变性。

中小企业是一种相对概念，主要是针对大企业而言的。在世界范围内来说，各国对中小企业的认知是不尽相同的，因此也没有形成统一的中小企业标准。这与各国的经济发展水平和经济发展阶段的不同有着直接的关系。新中国成立以来，关于中小企业的界定标准也在不断地变化，改革开放前，主要依照职工人数和固定资产价值划分企业规模，改革开放之后，则根据“年综合生产能力”将企业分为特大型、大型、中型和小型四类，之后的划分标准也一直在不断变化中。2002 年第九届全国人民代表大会常务委员会第二十八次会议通过了《中华人民共和国中小企业促进法》，对中小企业的概念作出法律界定，即在中华人民共和国境内依法设立的有利于满足社会需要，增加就业，符合国家产业政策，生产经营规模属于中小型的各种所有制和各种形式的企业。规定中小企业的划分标准由国务院负责企业工作的部门根据企业职工人数、销售额、资产总额等指标，结合行业特点来制定。

2003 年，国家针对中小企业出台了《中小企业标准暂行办法》。2011 年，工信部、发改委、财政部和国家统计局联合发布了《关于印发中小企业划型标准规定的通知》（下文称为《通知》），根据企业从业人员、营业收入、资产总额等指标，将中小企业按照行业的不同分为中型、小型和微型三类。

表 1－1 是根据工信部、发改委、财政部和国家统计局联合发布的《通知》的划型标准整理而成。由于《通知》的划型标准涉及总共 16 个行业，这里我们只是挑选具有代表性的五大行业举例说明。以工业企业为例，中小企业的上限是 1000 名从业人员或者 20000 万元营业收入。其中，从业人员大于或等于 300 人，且营业收入大于或等于 2000 万元的企业属于中型企业；从业人员大于或等于 20 人，且营业收入大于或等于 300 万元的企业属于小型企业；其他的属于微型企业。从工业行业的中小企业来看，中型企业的规模和营业收入比较可观，中型企业不论是规模还是企业收入都与小微企业拉开了差距，而在我国的企业经营的研究中，往往将中型企业与小型企业合并起来共同研究。

表 1－1　　中小企业划型标准

序号	行业	上限	中型企业	小型企业	微型企业
1	农林牧渔	营业收入 ＜ 20000 万元	营业收入 ≥ 500 万元	营业收入 ≥ 50 万元	营业收入 ＜ 50 万元
2	工业	从业人员 ＜1000 人或营业收入 ＜ 40000 万元	从业人员 ≥300 人营业收入 ≥ 2000 万元	从业人员 ≥ 20 人营业收入 ≥ 300 万元	从业人员 ＜ 20 人或营业收入 ＜ 300 万元

续表

序号	行业	上限	中型企业	小型企业	微型企业
3	建筑业	营业收入＜80000万元或资产总额＜80000万元	营业收入≥6000万元 资产总额≥5000万元	营业收入≥300万元 资产总额≥300万元	营业收入＜300万元或资产总额＜300万元
4	零售业	从业人员＜300人或营业收入＜20000万元	从业人员≥50人 营业收入≥500万元	从业人员≥10人 营业收入≥100万元	从业人员＜10人或营业收入＜100万元
5	餐饮业	从业人员＜300人或营业收入＜10000万元	从业人员≥100人 营业收入≥2000万元	从业人员≥10人 营业收入≥100万元	从业人员＜10人或营业收入＜100万元

资料来源：财政部网站整理。

第二节　中小企业的特点及作用

一、大力发展中小企业的意义

在改革开放的初期，我国是以国有企业为主体的公有制经济体制，这种经济的主要特征是：国有企业生产经营的一切活动都是由政府通过计划来进行的，国有企业没有经营自主权，也不必对企业的盈亏负责。计划经济时期，整个经济环境是缺乏竞争，没有活力的，完全的计划很难穷尽市场的需求与条件，存在着空白与缺失，在这种情况下，以个体、民营非公有制经济为特征的中小企业以低成本、低价格及灵活经营方式，填补了计划条件下国有企业的市场空缺。1987年召开的中国共产党第十三次全国代表大会，明确了非公有制经济中的中小企业社会地位，被定位为“公有制经济必要的和有利的补充”，这一明确的定位为中小企业的发展提供有效的制度保障，中小企业得到了飞速发展，中小企业占全国GDP的比例平均每年增加2个百分点左右。1995年全部工业总产值中，国有企业的比例已降到34%，电子及通信设备、电气机械、交通运输设备、仪器仪表等行业中国有企业的比重分别降至27.8%、22.9%、19.8%和6.9%。中小企业在促进经济增长、扩大就业和活跃市场等方面具有举足轻重的作用。《中国中小企业发展报告（2007—2008）》的数据显示，截至2006年底，我国中小企业的数量已占全国企业总量的99.8%，我国GDP的58%，工业新增产值的75%、社会销售额的59%、税收的50.2%以及出口总额的63%均由中小企业创造，全国75%左右的城镇就业岗位也由中小企业提供。此外，经工商部门注册的中小企业数量达到430多万户，个体经营户达到3800多万户，个体私营企业在数量上成了我国各类市场的主要组成部分。截至2011年底，全国工商登记实有企业1253.1万户，个体工商户为3756.5万户，其中绝大部分为中小企业。根据经济普查数据测算，目前中小企业占全国企业总数99.7%，中小企业提供了80%的城镇就业岗位，其中小微型企业占55%以上；创造了60%的国内生产总值，59%的税收和60%的进出口额，完成65%专利发明和75%以上的新产品开发（资源来源于《中国中小企业健康发展报告（2012年）》摘要）。截至2013年10月底，全国实有中小企业数为1483.74万户，其中，私营企业1209.52万户，农民专业合作社92.55万户。2012年底全国规模以上（营业收入在2000万元以上）中小企业32.5万家，占全部规模以上工业企业总数的97.36%；从业人员6129万人，占66.1%；税金总额1.95万亿元，占47.74%。

中小企业是科技创新活动的主体。以中关村科技园区为例，2005年总收入在500万元以下的中小企业的研发人员比例远高于总收入在500万元以上的企业；总收入在1000万元以下的中小企业研发支出占总收入的比重达到了23.3%，远远高于园区平均值（4.6%）；总收入在1亿元以下的中小企业申请专利达4821项，占全部企业的66.9%。中小企业是中关村园区科技创新与自主研发的不可或缺的重要力量。

相对于大中型企业来说，中小企业主要集中在小城市、县城及以下行政单位。在工业化阶段，特别是初期建设阶段，相当一部分县域经济不景气。一方面，小城市，特别是县域没有支柱的国有大中型企业，很难为县域经济的发展撑出一片“蓝天”。另一方面，中小企业的发展受制度、资金、技术、人才等因素的限制，还不能为地方经济，特别是县域经济的发展作出贡献，这一特征，东西部欠发达地区特别是民族地区，表现得尤为突出。从发达地区的情况看，灵活且具活力的中小企业是地方经济发展特别是县域经济发展的生力军。

近些年来，随着国有企业的改革和经济结构的调整，伴随着下岗人员的增加与农村剩余劳动的转移，而出现劳动力富余、就业压力增加、结构性失业比率不断提高等现象。中小型企业尤其是非公有制中小企业的发展，彰显了其吸纳劳动力的作用，中小企业已成为社会就业的主要场所。有关数据显示：中小企业对吸纳劳动力的贡献有70%，而且逐年提高，最高达到了88%。不仅如此，随着中小企业的健康、持续发展，中小企业对经济增长的贡献也越来越大。有关资料表明，目前我国中小企业约有5000万家，约占企业总数的99%，中小企业每年为国家创造了近60%的GDP，50%的稳定收入，接纳了88%的城镇就业人口。从事跨国投资经营的企业中80%是小微企业。同时，很多大企业都是从小型企业发展而来的，如联想，海尔，华为等。有人认为中小企业是大中型企业的雏形，也有人认为中小企业是大中型企业的母体，但不管怎么说，中小企业成为社会经济发展的主要力量已成为共识。

中小企业正成为中国经济创新的主力军。有关数据表明，我国中小企业完成了65%的专利发明和80%以上的新产品开发。创新的领域不断扩展。中小企业已经从早期的加工、贸易领域向高新技术、高端制造业等新兴领域扩展。在发达地区，中小企业已经成为地方产业发展的“排头兵”、“领头羊”。中小企业已成为经济发展中不可忽视的创新驱动力量。

随着中小企业的产业结构不断优化，中小企业的开放程度也在不断提高。据统计，中小企业在服装与纺织品加工、玩具、家居等轻工业劳动力密集型产品的出口中占有绝对优势；近些年来，在电子通信设备，生物工程技术领域，中小企业的出口比重也进一步提高。

二、中小企业特征

特殊的国情，特殊的环境，造就了我国中小企业发展的自身特征。

（一）数量多，增长快

中小企业比重大，分布领域，涉及行业广泛。中小企业已成为现代国民经济的重要组成部分，有其广泛的社会经济基础。无论是发达国家还是发展中国家，中小企业的数量都占据了绝对优势。有关资料表明，按照现行的中小企业暂行规定，我国中小企业的数量达到5000多万户，占全国企业数量的99%，值得注意的是，随着国家经济结构的不断调整和经济发展水平的不断提高，软件开发，生物医药，微电子产业等高新技术行业中的中小企业占比很大，且该比重有不断上升之势。

（二）集中于劳动密集型产业

中小企业主要集中于劳动力密集型产业，它们一般规模较小，技术装备相对落后。我国的中小企业是在特殊的背景下发展起来的，受人口众多、经济落后、底子薄、技术装备落后等因素的影响，中小企业主要集中在规模较小，技术含量较低的传统型企业和劳动力密集型企业。近年来，这一特征开始弱化，在技术含量较高的高新技术行业，也发展起来了一批中小企业，中小企业已从过去的劳动密集型产业向技术、资金、劳动密集型方向发展。

（三）成长较快，寿命短

企业的成长中，中小企业的新旧交替较快，寿命大致在三年左右。一般而言中小企业规模小，投资少，投资见效的周期较短。相对而言，中小企业适应环境的能力也较强，但对资源的获取要求不高，它能广泛地分布于各种环境和条件下。但是，由于存在着制度上的障碍以及信息上的不对称，加上中小企业固有的一些缺点，中小企业在获取资本、信息、技术、服务等方面处于劣势，管理水平低，中小企业抗风险能力薄弱，破产倒闭时有发生。

中小企业大多有着明确的目标、完善的组织结构，所有权和经营权高度统一，所有者与经营者合而为一，企业目标与所有者目标高度一致。这样的特点使得中小企业富有活力，灵活多变，适应性强。但企业的组织结构过于简单，管理格式化，所有权过于集中，很多情况下中小企业的所有者都有着家族、血缘关系。这样的中小企业具有很强的灵活性，但也有很严重的短期性行为。

（四）发展不均衡

从产业区结构来看，第一产业中小企业的占比不足3%，第二产业占比不到30%，第三产业中的占比却达到了70%以上。近些年，第一、二产业的增长速度有所提升，但占比仍然偏低。按照经济地域划分，东部的中小企业数量占比为42%，西部占比为26%。而从相应的工业产值来看，西部东部占66%，中部占26%，西部却只占8%。但是，中西部市场主体的增长快于东部地区，西部地区的企业增长率快于中东部地区。王继承的《中小企业2013年度报告》显示，到2013年10月，东部12省市私营企业数710.5万户，较上年增长10.92%；中部9省私营企业数为208万户，比上年增长5.77%，占全国总数的19.15%；而西部10省区实有私营企业176.2万户，较上年增长27.16%，占全国总数的16.23%。

三、中小企业的作用

从世界各国的发展过程来看，经济的进步并不是所有经济单位都做大做强。发展的本质并不会消除发展的不平衡性和层次性。大企业往往会从中小企业发展而来，紧接着又会出现新的中小企业，为经济的增长带来新的血液和动力。改革开放以来，伴随着经济体制的改革，我国的中小企业不断发展和壮大，为推动国民经济的增长、改善社会民生发挥了不可或缺的作用，已成为我国市场经济的重要组成部分。根据中小企业司的数据统计，截至2013年底，我国共有在册中小企业1527.8万户，个体工商户4564.1万户。中小企业的产值约占国内生产总值的60%，为国家贡献了60%以上的税收收入，创造了65%以上的专利以及80%以上的新产品①。

① 《中小企业要巧“破壳”》，http://finance.sina.com.cn/roll/20141008/050020477803.shtml，2014年8月。

（一）经济增长的重要力量

“十二五”期间，中小企业的数量、营业收入、利润等方面迅速增长，成为我国经济增长的重要力量。以工业为例，由于我国并没有针对中小企业的详细统计，这里只以规模以上中小工业企业的数据来进行说明（下同）。2013 年规模以上工业中小企业共有 34.3 万家，占规模以上工业企业的 97.3%。营业收入、利润、上缴税金和出口交货值分别是 619277.2 亿元、38154.8 亿元、22354.1 亿元和 48628.1 亿元，分别占规模以上工业企业的 60.2%、60.7%、48.9% 和 42.9%[①]。从表 1－2 中可以看出，我国中小企业在工业企业的数量、盈利能力、出口能力等方面都占据了工业的半壁江山，为工业的发展发挥了不可替代的作用。

表 1－2　　2013 年规模以上中小工业企业经济指标占比

指标名称	规模以上中小工业企业	中小企业占规模以上企业比重
企业数量（万个）	34.3	97.3%
营业收入（亿元）	619277.2	60.2%
利润（亿元）	38154.8	60.7%
缴税额（亿元）	22354.1	48.9%
出口值（亿元）	48628.1	42.9%

资料来源：《中国中小企业年鉴 2014》。

中小企业在各国经济发展中也发挥着重要的作用。无论在发达国家还是发展中国家，中小企业不仅在企业数量处于绝对的统治地位，还对各国的经济增长、解决就业起着重要的作用。Ayyagari（2003）认为中小企业对总就业的贡献率随着收入水平的提高而显著提升，其贡献率在低收入国家为 17.5%，而在高收入国家为 57.24%；对 GDP 的贡献率也有相似的趋势，其贡献率在低收入国家为 15.56%，而在高收入国家为 51.45%。Stigler 在《规模经济》（1958）中提出企业最佳规模的概念，否定了企业越大越有效率的观点。他通过实证研究发现：如果一个产业中的所有企业使用完全相同的资源，那么长期

① 《中国中小企业年鉴》编委会：《中国中小企业年鉴 2014》，企业管理出版社，2014 年。

成本曲线只有唯一最低点，即只有一种产出规模是经济的，但实际中企业所拥有的资源是异质的，资源利用率也不可能完全相同，那么最佳规模也不是唯一的。Stigler 提出，凡是在长期竞争中得以生存的企业规模都是最佳规模。这表明了中小企业存在的合理性和必然性。近些年来，在全世界多数国家中，中小企业都发挥着重要的作用，是经济发展和社会稳定的重要支柱。在美国，中小企业代表了 2140 万经济单位中的 99%，在过去 10 余年中创造了 60% 至 80% 的新增就业，被称为“美国新经济的助推器”。在日本，中小企业比重很高，因此日本也被称为“中小企业之国”。2002 年日本民营企业总数为 653 万家，其中中小企业总数为 647 万家，占 99. 1%；民营企业从业人员总数为 5416 万人，其中中小企业从业人员数为 4227 万人，占 78. 5%；中小企业生产总值和创造的出口价值分别占全国生产总值和出口价值的 58. 8% 和 43. 9%。在欧盟，根据欧盟委员会 2006 年 5 月官方网站上的数据，欧盟地区中小企业有 2300 万家，占企业总数的 99%，提供了 7500 万个就业岗位。

（二）劳动就业的主要渠道

在改革开放的过程中，我国利用人口红利和原材料价格优势，取得了巨大的成就。我国的中小企业大多集中在劳动密集型产业，生产的产品大多附加值较低，更多地提供的是初级产品。而我国作为传统的人口大国和劳动力大国，人口的就业关系国计民生。虽说单个中小企业在吸引就业的能力上比不上单个的大型企业，但中小企业凭借着数量优势，能够灵活地吸收各层次的劳动力，中小企业现已成为农村剩余劳动力转移的主要渠道。与大型企业相比，随着大企业的技术构成和管理水平的提高，劳动力需求会逐渐减少，大企业很难再提供更多的就业岗位，富余的下岗人员、失业工人的就业与再就业问题需要靠中小企业解决，而处于劳动密集型产业的中小企业就业渠道作用更加凸显。中小企业稳定发展，建立了一支庞大而相对稳定的就业队伍，这将对于整个社会经济、文化及民族关系等起到很好的作用，有效地缓解了经济增长方式的变化与扩大就业之间的矛盾，中小企业已成为改革开放的“生力军”，一定程度上保障了国家的长治久安。

（三）产业升级的助推器

大型企业集团能够显示国家的经济实力，大型企业的发展如果不受到竞争的限制，往往会形成垄断。大企业为了追求规模经济，提供的更多的是标准化的产品，不能有效地满足多种多样的社会与居民的消费需求。同时，也会带来规模不经济问题。中小企业虽然在资金、技术、人才等方面与大中型企业无法相比，但为了更好地生存，中小企业往往专注于市场变化，深挖客户需求和自身潜力，经营方式较灵活，能够满足顾客的个性化需求，为大中型企业发展提供助力与补充。大企业与中小企业在产业中相互依托。大企业专注于规模经济，专注于自身擅长的领域，避免走向“大而全”。中小企业利用其经营方式灵活，组织成本低廉，进退转移灵活、升级换代便捷等优势，更快地接近市场，及时确定市场需求。小企业则专注于满足个性化需求，适应瞬息万变的市场变化，从而能够有效推进技术创新和产业结构升级。

（四）促进科技创新的主战场

中小企业在各国科技创新中也起着重要作用。Acs 和 Audretsch（1990）分析了 20 世纪 80 年代初期美国各个行业的技术创新情况发现，在技术进步较快的行业中（如计算机、控制仪器制造业等），中小企业优势明显。美国自 20 世纪初到 70 年代，中小企业完成的科技发展项目占全国总数的 55% 以上，进入 80 年代后，大约 70% 的创新由中小企业完成，中小企业因而被称为“技术创新的尖兵”。OECD（2004）指出：在一些欧盟成员国中，小规模制造企业几乎与大规模企业具有相同的创新性。中小企业还担当着大学研究和产业创新间的连接者角色。同时，随着信息技术尤其是互联网的发展，中小企业在技术进步和技术创新中，将扮演越来越重要的作用。中小企业不仅是经济发展的重要力量，而且是技术创新的主力军。这不仅体现在中小企业的结构中，技术密集型中小企业正在取代劳动密集型、资本密集型中小企业，而且由于中小企业自身灵活应变的特点，节省与缩减了科学技术转化为生产力的时间环节，充分发挥了科学技术作为生产力的作用。中小企业是将科技转化为生产力的“试验田”。在我国，技术创新，技术开发的主力军是中小企业。“海尔”、“春兰”

等一批高科技水平的企业都是由中小民营企业发展起来的。

（五）农村工业化城镇化的先锋队

中小企业的发展加快了农村工业化、城镇化的进程。中小企业是农村工业化城镇化的先锋队，是提高农民收入、增加地方财政的重要渠道。我国的中小企业主要是从乡镇企业和私营企业发展起来的。从西方发达国家和沿海发达地区的城市化进程来看，中小企业是工业化、城镇化的“排头兵”、“先锋队”。随着中小企业的成长，会发挥其引领带动作用，有效地促进地区经济的发展与城镇化进程的加快。

第三节 我国中小企业发展中存在的问题

我国中小企业伴随着改革开放的进程，得到了前所未有的发展，已成为中国经济发展的一股主要力量，它的影响、它的作用已达到空前的地位，不容忽视。但作为成长性较强、极具潜力的经济“增长极”，在其发展中还存在着不少问题，面临着多重困难，应予以重视。

一、融资困难、生产经营资金持续紧张

（一）中小企业获取贷款困难

融资难问题一直是困扰中小企业发展的一个重要瓶颈，民族地区的中小企业更是如此。根据《中国中小企业发展报告（2006—2007）》的调查数据，我国300万户私营企业获得银行信贷支持的仅占10%左右。2003年全国乡镇、个体私营、“三资”企业的短期贷款占银行全部短期贷款的比重仅为14.4%，其中个体私营企业为1.1%，三资企业为4%。中小企业获得的信贷支持力度远远无法满足其发展需求。尤其是2008年下半年以来的全球金融危机，给实体经济发展带来的危害不断加深，中小企业融资难的问题比以往更加突出。据国家发改委中小

企业司 2008 年 8 月 3 日发布的统计结果显示，在国际经济形势增速放缓、国内宏观调控结构调整等因素影响下，相当部分中小企业面临资金链断裂等困难，2008 年上半年全国约 6.7 万家规模以上的中小企业倒闭。2013 年，商业银行先后出现的两次“钱荒”表明银行的社会融资结构发生了变化，信托、理财等影子银行迅速崛起，影响了银行的流动性，部分商业银行减少甚至停止发放贷款，使本来就难以贷到款的中小企业首当其冲，贷款锐减。迫于压力，部分中小企业就向影子银行贷款，不仅利率高，而且稍有不慎，就会发生危机，造成资金断裂，为企业带来了运营分散，“路跑跑”现象的出现就是一个真实的反映。中小企业面临内忧外患，近几年来人民币升值、原材料价格上涨、劳动力成本上升等问题的逐步累积，使企业盈利能力全面下降，再加上金融危机所带来的全球经济衰退和市场疲软，市场订单骤减和不确定因素加大，这些内忧外患的双重打击，致使中小企业经营状况全面恶化。特别是融资难带来的资金链的断裂，或者说资金面的紧张，使许多中小企业关停、破产、倒闭，长期以来，桎梏中小企业融资难的问题，就更加突出，更为严重，更被社会各界所关注。

（二）经营现金流紧张，资金缺口较大

中小企业经营模式大多具有“本小利薄”的特点。大多在创立时期自有资金就较少，同时大多融资困难，受银行按季或按月控制信贷投放的影响，发债、上市融资门槛较高，中小企业望而却步。加上原材料价格上升，企业复现成本上升，工资性支出增长等因素的影响，大部分中小企业生产经营所需的现金流常年紧张，资金缺口较大。

（三）融资成本较高，企业资金风险加大

中小企业的资本结构中，自有资金的比例较低，资金的来源主要依靠企业间的借款与民间借贷来实现，一般国有银行因中小企业的特性，很难向其提供和国有大中型企业相同的待遇，要么是极少贷款融资，要么贷款融资有严格的担保手续，而且往往在利率上进行上浮。过严的担保要求与上浮的贷款利率，加大了中小企业的融资成本，从而也加大了中小企业的融资风险。企业经营一旦出现困难，回旋的余地较小，抗风险能力较弱，加上银行资金的“扶优限

劣”与“釜底抽薪”，中小企业极容易出现资金断裂的问题。一旦发生资金链困难，停产、倒闭、破产就会接踵而至。

二、中小企业技术创新能力不强

（一）缺乏创新技术人才

从企业的人力资源构成上来看，我国的中小企业普遍缺乏具有高水平、高学历、高技能的创新性技术人才。相比大型企业，中小企业的管理者普遍学历偏低，专业性不强，家族家庭人员居多，且缺乏应有的专业知识与管理能力，导致企业的市场应变能力差，缺乏科学的管理制度与管理能力。企业职工的整体文化程度较低，技术人员与技术工人奇缺，也缺乏系统全面的就业能力、技术方面的培训。

（二）技术水平不高

尽管中小企业在发展过程中具有高度灵活性与良好的环境适应力，但从企业的行业分布来看，大多表现为生产技术等级不强、设备落后的传统型、资源类企业和较低技术含量的劳动力密集型企业。有调查数据显示，我国近80%的中小企业没有设立科技研发部门，33%中小企业从未引进新技术，85%的中小企业没有技术发明。中小企业的科技研发水平较低，科技研发的投入支出仅为营业收入支出的1%左右。

不仅如此，中小企业技术创新还面临着诸多困难。由于缺乏高新技术人才、创新型人才，自有的研发水平较为落后，资金紧张，中小企业在技术开发与企业产品等创新上，时常面临着“缺人”、“缺钱”、“缺力”的尴尬境地，企业的技术创新举步艰难。

三、生产成本不断上升，盈利水平下降

（一）原材料价格上升

制造型企业在我国中小型企业中占有相当大的比重，而原材料价格的普遍

上涨导致企业生产成本的增加，盈利水平越来越低，盈利空间越来越小，这是近年来我国中小企业面临的普遍问题。去产能、去库存以及硬约束的能源等资源，更加大了中小企业的生产成本。受规模、资源的双重限制，中小企业在降成本方面很难有作为，高成本、低盈利严重制约了中小企业的发展。

（二）人工成本上升

中小企业多为劳动力密集型企业，人工成本则是该类企业成本的重要组成部分。近年来随着人口红利时代的结束，全国出现了较为普遍的人工成本的上涨，除去工资的普遍上涨，职工人数的增加、熟练工人的增加也加剧了人工成本的上升。《2015 年企业负担调查评价报告》显示，有 79% 的企业反映人工成本快速攀升，比上年提高 10 个百分点，人工成本正在成为一些中小企业的沉重负担。

四、服务体系不够完善

由于中小企业一般规模较小且企业资金有限，难以在内部自行完成人员培训、营销宣传、技术开发等活动，从企业外部获得这些方面的服务与资源就显得异常重要和突出。然而目前中小企业所处外部服务与资源的状况是：服务体系滞后，服务功能缺失，服务水平低下，服务领域限制，资源品种匮乏，来源渠道单一，效率不高，而收费不薄。为企业提供服务的机构，一般只针对大企业设立服务项目，中小企业很难共享。以营利为目的的中介服务机构不仅收费昂贵，中小企业难以承受，而且服务也缺乏应有的针对性，中小企业也得不到需要的服务。

第二章

中小企业发展与融资

企业融资是企业为满足其生产经营、投资及资本结构的调整之需要，通过一定的渠道与方式，在金融市场上有效筹集资本的财务活动。其表现在融资的规模与资本结构方面，前者主要是指资本规模以满足企业正常经营的需求，后者则主要体现在融资比例上，即企业资本结构中资本的成本及融资中的财务风险，两者都随着企业财务状况的变化而不断调整。

第一节　企业融资理论的产生与发展

“企业为了达到市场价值最大化往往寻求最佳的融资结构。由于各种融资方式的资金成本、净收益、税收以及债权人对企业所有权的认可程度等存在的差异，在给定投资机会时，企业就需要根据自己的目标函数和收益成本约束来选择合适的融资方式，以确定最佳的融资结构，从而使企业市场价值达到最大化。一个合理的融资结构不仅有效地决定企业市场价值，同时对企业的融资成本、企业产权分配、治理结构以及通过资本市场对整个总体经济的增长等多方面都有一定影响。这就是经济学上称之的企业融资理论，或者称为融资结构理论。”① 西方的企业融资理论主要是围绕如何形成企业的最佳资本结构展开的。

在科学研究的长河中，融资理论内容相对丰富，以下几种理论在企业融资

① 陈很荣等：“西方现代企业融资理论述评”，《财经问题研究》，2000 年第 8 期。

研究中占据着十分重要的地位。

一、资本结构理论

1952 年大卫·杜兰特（David Durand）在《企业债务和股东权益成本：趋势和计量问题》一文中系统地总结了资本结构问题，将其划分为三种理论，即净收益理论（Net Income Theory）、营业收益理论（Net Operating Theory）和折中理论（Traditional Theory），这被称为传统资本结构理论。现代资本结构理论则是以 MM 定理的产生为标志的。1958 年两位美国学者默迪格里亚尼（Franco Modigliani）和米勒（Merton H. Miller）在《美国经济评论》上发表了经典的"资本成本、公司财务和投资理论"一文，提出一套全新的资本结构理论。MM 定理分为无公司税条件下的 MM 定理和有公司税条件下的 MM 定理两种情况。MM 定理的主要假设前提有：（1）公司在无税环境下运营；（2）高度完美的资本市场，股票债券在完美的资本市场上进行交易，不存在交易成本，投资者进出市场不受限制，投资者可以平等地免费获取市场信息，投资者可以同公司享有一样的借款利率；（3）企业的经营风险可以衡量，风险相同的企业处于同等的风险等级；（4）企业和个人的债务均为无风险债务，即所有债务利率均为无风险利率，而且不会因为债务的增加而改变；（5）投资者对公司利润的未来现金流的预期都是相同的；（6）企业各时期的现金流是固定的，形成永续年金，企业各期的息税前利润不变，即企业为零增长。在此前提下，得出无税盾条件下的 MM 定理：

MM 定理命题 1：任何企业（无论是否负债）的价值均由其预期息税前利润（EBIT）按照其风险等级所对应的贴现率贴现后决定，负债企业价值等同于无负债企业的价值，即企业的价值与资本结构无关。

MM 定理命题 2：有负债的公司权益成本等于无负债公司的权益成本加上风险溢价。风险溢价的高低视公司负债率的高低而定。用公式表示：

命题 1：

$$V_U = V_L = \frac{EBIT}{WACC} = \frac{EBIT}{R_E}$$

命题 2：

$$R_e = R_E + \frac{B}{E_L}\ (R_E - R_B)$$

其中，V_U是无负债企业的价值；V_L是负债企业的价值；EBIT 是息税前利润，假定其为一个常数；WACC 是加权平均资本成本；R_E是无负债企业的权益成本；R_e是负债企业权益的期望收益率，也称权益成本；B 为公司负债的市场价值，假设企业只有一种负债，且每年等额还本付息，也不存在优先股；E_L为负债企业的普通股票市价；R_B是公司负债的利息率，即负债成本。

在考虑公司所得税的影响后，由于公司债务资本的利息支出可以抵扣部分公司所得税支出，从而使有负债公司的 EBIT 分配到投资者（包括债权人和股东）手中的比例高于无负债的公司，故公司的价值会随着债务资本的增加而增加。从而得出有税盾条件下的 MM 定理：

命题 1：负债公司的价值等于相同风险但无负债公司的价值加上负债节税利益，节税利益等于公司所得税税率乘以负债额。

命题 2：负债公司的权益资本成本等于具有同样风险等级的无负债公司的权益成本加上一定的风险溢价（风险补偿）。用公式表示：

命题 1：

$$V_L = V_U + T_C B$$

命题 2：

$$R_e = R_E + \frac{B}{E_L}(R_E - R_B)(1 - T_C)$$

其中，V_L是负债企业的价值，V_U是无负债企业的价值，T_C是所得税税率，B 是企业负债的市场价值。R_e是负债企业权益的期望收益率，R_E为无负债企业的权益成本，E_L为负债企业的普通股票市价，R_B是公司负债的利息率，即负债成本。

“MM 定理”创立了现代企业融资理论的开端。该理论证明在没有企业和个人所得税、没有企业破产风险、资本市场充分有效运作等假设条件下，企业的价值同所采取的融资方式无关。该理论的假设过于严格，与现实不符，但为分析融资结构问题提供了一个有用的起点和框架。以后的很多理论都是在此基础上发展。1963 年，莫迪格利安尼和米勒提出了修正的 MM 理论，其要点是取消了无公司所得税的假设。在存在公司税的情况下，企业融资所支付的利息可计入成本，相当于抵减了公司所得税，从而降低了资本成本。于是，企业可以通过增加负债，提高财务杠杆，来增加收益率，相应地，企业价值也会随着负债的增加而增加。结论是，在公司税的情况下，企业会无限制地融资，甚至全部利用债务资本。与修正的 MM 理论比较，米勒模型进一步放宽了假设，引入了个人所得税因素。个人所得税的存在会抵减财务杠杆对企业价值的作用，但不会完全抵消。真正对中小企业银行信贷融资的研究有影响的资本结构理论，是对前面几种模型的总结，折中而发展形成的权衡模型。权衡模型认为，融资在提高财务杠杆，增加财务费用的同时，也会增加企业的其他成本。这种成本可以分为两种：一种是破产成本；一种是代理成本。（1）破产成本。企业增加负债，可能导致财务拮据，甚至导致破产，这就是破产成本。破产成本会降低企业市场价值。（2）代理成本。代理成本又可分为权益资本代理成本和债务代理成本。前者指股东与经理之间的利益冲突，经理追求个人利益最大化的同时并不一定会付出最大努力去经营企业；后者指债权人和股东之间的利益冲突，在融资成本固定的情况下，股东可能会通过各种手段提高企业风险（比如增加债务），从而增加债权人面临的风险，而债权人此时无法获取相应的风险补偿。风险企业，即经营收益变动性大的企业，在其他条件不变的情况下，应该选择比较低的负债。因为如果收益的变动性大，发生财务亏空的概率也较大，破产的预期成本也较大，这将在很大程度上抵消负债带来的节税好处，所以高风险企业应选择低负债。低风险的企业经营收益变动小，代理成本低，发生财务亏空的概率小，负债所带来的节税利益较明显，因此，应该选择高负债。权衡模型说明了，不同风险的中小企业应该选择什么样的融资方式。

二、啄序融资理论

啄序融资理论也称优序融资理论，是 Myers 在《资本结构之谜》一文中初步的观点，之后，Myers 和 Majluf 在其发表的论文《企业知道投资者不知道信息时的融资和投资决策》中详细地阐述了啄序融资理论。Myers 认为，在信息不对称的条件下，企业会优先选择内部融资，如果必须进行外部融资时，企业会首先选择风险较小的债权融资，其次才是外部股权融资。也就是说企业融资的最优顺序是内部融资 > 债务融资 > 股权融资。这是因为，由于企业所有权和控制权分离造成企业内部人和外部人的严重信息不对称，企业管理者比外部人更了解企业的真实情况，内部人可以通过企业的资本结构决策，股利政策决策等向市场传递企业情况的信号，外部投资者只能根据内部人的决策行为所传递的信号来判断企业的真实价值，并进行相应的投资决策。从欧美发达国家资本市场的实证来看，国外成熟的企业基本上呈现自有资本融资规模较大，即便是外部融资，债务融资的比例也远远高于股权融资的比例，并且还不断呈现上升趋势，因此，在西方成熟的市场环境下，啄序融资理论基本符合实证检验。但是在中国等发展中国家，由于市场制度和企业制度不健全等因素，股权融资的偏好十分明显，股权融资的比例也较大，“上市融资”成为绝大多数企业追求的目标，因此，学术界也将这种现象称为“啄序悖论”。

三、信号理论

美国斯坦福大学的迈可尔·斯彭斯（Michael Spence）教授提出了信号模型理论，在资本结构理论中，最有影响的信号模型主要是利兰德—派尔模型和罗斯模型。利兰德—派尔模型认为，在信息不对称的条件下，为了使投资项目的融资顺利进行，必须通过信号传递的方式进行，例如掌握内幕信息的公司管理者对该项目进行投资，这样就会向贷款方发送一个信号，即项目本身是可靠的、具有投资价值的，这样贷款方就会根据内部人发送的这个信号来进行投资决策，决定对该公司投资与否和投资的多少。贷方根据公司管理者提供的信号而决定对公司投资的数额即公司的最优负债水平点，这一最优负债水平点本身就是反映投资项目风险大小的一种信号。罗斯模型从经营管理者破产成本的角度，分析了资本结构的信息传递作用。在一系列严格的假设条件下，罗斯模型认为，高负债比率的企业就是优质企业的信号，低负债比率的企业就是劣质企业的信号，投资者可以根据这种信号来作出自己的选择。罗斯模型强调好企业与坏企业区别的重要标志是好企业具有更强的债务承受能力，这具有一定的道理。但在现实中，具有较高负债率的企业不一定都是好企业，那些濒临破产的企业往往也都有较高的负债率。如何将两种高负债率的企业区分开来，罗斯模型没有给出解决方法。可见，任何一种理论的演绎与归纳，得出的结论难无偏颇，只有不断探索与完善才是理论者的归宿。

四、代理成本理论

Jensen 和 Meckling 在 1976 年发表的《公司理论：管理行为、代理成本和所有权结构》一文是代理成本理论的经典文献。他们从伯力—米恩斯的所有权与控制权分离问题出发，系统地分析了代理成本问题，他们认为企业选择最优的资本结构应该是代理成本最小的资本结构。Jensen 和 Meckling 认为，企业在股权融资和债权融资中存在着两种代理关系，即所有者和股东的代理关系、债权人和股东的代理关系，这两方面的代理关系分别会产生股权代理成本和债权代理成本。由于现代公司的两权分离和信息不对称、所有者和经营者委托代理关系的存在，经营者必然侵害所有者的利益，因此所有者必须付出监督的代理成本。随着股权融资的减少和债权融资比例的上升，股权融资的代理成本逐渐减少，当公司全部采用债权融资时，股权融资的代理成本为零。当企业进行债务融资时，债权人通过债务契约来保护自己的权益。但是由于现代公司的有限责任属性，债权人在破产时一样承担损失，因此债权人需要付出较大的监督成本监督企业的过高风险投资行为，这种债权人的监督成本也就是债权融资的代理成本。债务融资的代理成本随着债务融资的比率下降而减少，当全部采取股权融资时，债务融资的代理成本为零。从中不难发现，股权融资的代理成本和债权融资的代理成本是此消彼长的关系，因此，如何在一个函数的框架下，确定两者比例，使企业总的代理成本最小，是 Jensen 和 Meckling 研究的核心问题。他们认为，在企业总的代理成本最小时的债权融资和股权融资比例就是企业最优的资本结构。

五、控制权理论

控制权理论从企业经理者对控制权本身的偏好角度探讨了资本结构问题，基本上延续了詹森和麦克林的研究思路，反映了企业通过对资本结构中负债和股权结构的选择而对公司治理结构效率的影响程度。威廉姆逊认为，在市场经济中的企业债务和股权不应仅仅看作是可替代的融资工具，还应看作是可替代的治理结构。所以资本结构是公司治理结构最重要的一个方面，公司治理结构的有效性在很大程度上取决于资本结构。从公司控制权角度来看，股东和债权人在不同的方面各有自己的优势。因此，在成本最小化的驱动下，通过不同的渠道进行融资的公司，必定面临不同的治理结构调整方式。

哈里斯—雷斯夫（Harrisand—Raviv，1990）模型主要探讨了詹森和麦克林所提出的股东与管理者之间利益冲突所引发的代理成本问题，他们分别用静态和动态两个模型，说明了管理者在通常情况下是不会从股东的最大利益出发的，因此对他们有必要实行被监督和戒律的机制。债务作为一种惩戒工具，不仅使股东具有法律上，强制管理者有提供有关企业内外信息的权利，而且使股东能够通过对信息的分析，决定是否继续经营或是进入破产清偿程序，所以最优的负债数量取决于在信息和惩戒管理者机会的价值与发生调查成本的概率之间的平衡。这就是说债务融资有利于强化公司治理结构中的监督和约束机制。

阿洪—伯尔顿（Aghionn—Doltno，1992）模型从财务契约角度，论证了在交易成本和合约不完全的基础上有关财产控制权的企业融资理论。他们假定市场上有这样两个人，一个是有资本无技术的投资者，另一个是无资本有技术的企业家，两者在市场上相遇后签订了长期合约。由于企业家既追求货币报酬又追求非货币报酬（如个人声誉和在职消费），而投资者只追求货币报酬，所以双方的利益目标包含潜在的冲突。如果合约是完全的，那么合约可以化解双方的利益冲突。但是由于未来是不确定的，合约也就不可能完全，剩余控制权的分配由此就变得很重要。在阿洪—伯尔顿的模型中有三种情况：如果融资方式是发行普通股（有投票权的股票），那么投资者掌握剩余控制权；如果融资方式是发行优先股（无投票权的股票），那么企业家拥有剩余控制权；如果融资方式是发行债券，那么在企业家能按期偿还债务的前提下，他拥有剩余控制权，否则剩余控制权便由企业家转移到投资者手中，即企业破产。阿洪—伯尔顿的理论中，剩余控制权是以不完全合约为前提的。

从企业经营者对控制权的偏好和通过资本结构来影响企业市场价值的企业融资理论。由于存在信息不对称和动力问题，股东的控制力较弱；如果企业的资金较大程度依赖于银行，那么银行控制企业的可能性大增。尤其是在企业重组上，由于银行一般都具有足够的人力、物力和财力，可以对公司的内部信息进行充分的了解，因此，当公司出现问题时，银行是较好的重组者，可以避免大多数中小股东对公司内部信息不了解而引发他们搜寻信息的高成本，使他们“搭便车”间接地参与了企业的重组；当企业达到发行债券来融资的规模和条件时，通过举债带来的控制权损失就要小于银行融资，当然，最安全的方法是用未分配利润即内部资本进行投资。“综合而言，从一个对企业控制权有偏好的经理人员角度看，企业融资的顺序应该是：内部筹资——发行股票——发行债券——银行贷款；但从有利于企业治理结构和建立约束监督机制来说，其融资的顺序相反。平衡两者后，增大债券融资的比重是最优的。”① 同时，哈里斯和雷斯夫考察了投票权的经理控制情况时又证明了负债比例的增加更有利于避免股权收购。

伯格洛夫（1995）还从公司资产的性质（如流动性、稳定性）结合控制权问题研究了资本结构问题。他认为，公司融资方式的选择实质上就是法人治理机制的选择，经理人进行内部融资时，他必须对投资者做出承诺，如保证在将来某个时间支付投资者若干报酬或归还本金，为此，经理人员必须采取以下行为之一：（1）承诺在特定状态下外部投资者对公司的特定资产或现金流量具有所有权；（2）放弃一部分投资决策权，将之转让给外部投资者。这两种选择代表两种不同的融资模式，即保持距离型融资和控制导向型融资。在保持距离型融资模式下，公司控制权的分配与公司能否实现一定的经营目标相联系。当公司不能实现目标时，控制权自动转移给投资者。在控制导向型融资模式下，当经营者与股东目标有重大偏离并出现严重低效率时，退出机制就会生效。这两种融资模式相应地形成两种不同的法人治理机制，即目标型治理和干预型治理。另外，西方有学者将企业成长阶段和融资偏好问题联系起来考察。Petersen 和 Rajna（1994，1995）根据公司的规模、风险的大小和创立时间的长短来考虑企业融资偏好的问题，成熟、安全的公司倾向于证券融资，而新创立的、风险的公司则偏好于债务融资。新创立的公司或风险性的公司收益流不

① 沈艺峰：《资本结构理论史》，经济科学出版社，1999 年。

稳定，对投资者的吸引力不大，不得不通过债务方式进行融资；而且相对于股东而言，银行可以更好地监督公司项目选择的正确性，具有项目审查等方面的优势，从而可以减少公司投、融资决策方面的失误，提高公司的市值。

总之，以杜兰特为代表的传统资本理论被现代资本结构理论 MM 定理所取代，MM 定理只有在完美的市场条件下才能成立，缺乏现实性。权衡理论将财务危机成本和代理成本加入到 MM 定理模型中分析，对其进行修正，认为理想的债务与股权比率就是税前付息的好处与破产和代理成本之间的平衡，使 MM 定理更接近现实。当罗斯开始将非对称信息理论引入到资本结构理论分析时，改变以往只注重税收、破产等“外部因素”对企业最优融资结构的影响，从企业“内部因素”来展开对企业融资问题的分析，将早期和现代企业融资理论中的权衡问题转化为结构或制度设计问题，为企业融资理论研究开辟了新的研究方向。目前，以资本结构理论为主要研究对象的企业融资理论在西方已日臻成熟，但还没有形成一个统一的理论体系对企业融资问题进行完整的解释，上述的各个理论也仅仅是从某个特定角度进行研究，事实上“资本结构之迷”尚未揭开。

六、企业金融成长周期理论

企业类型影响着中小企业融资方式的选择，不同种类的中小企业偏好不同类型融资方式的选择。从融资的角度来看，中小企业可分为制造业、服务业、高科技型及社区型四类。制造业中小企业的资金需求是比较复杂和多样的，这是由其经营的复杂性所决定的。制造业企业一般来说规模相对较大些，生产产品的工艺与流程要复杂些，所以资金需求较大，资金周转也相对较慢，相应地，风险和融资难度也较大。服务型中小企业的资金需求主要是流动资金贷款和促销活动上的经营性开支借款，其特点是数量小、频率高、周期短、随机性大。但是风险相对其他中小企业较小，因此是一般中小型商业银行比较愿意给予贷款的对象。高科技型中小企业，除可通过一般中小企业可获得的融资渠道外，比较重要的一个资金来源就是“风险投资基金”。社区型中小企业（包括街道手工工业）具有一定的社会公益性，容易获得政府的扶持资金。在这里，抛开中小企业的特殊类型差别，只从一般性的角度来看，中小企业成长过程中的融资规律。20 世纪 70 年代韦斯顿和布里格姆根据企业不同成长阶段融资来源的变化提出了企业金融成长周期理论。韦斯顿和布里格姆将企业的金融成长周期划分为三个阶段：初创期、成熟期和衰退期。后来，他们又将企业金融成长周期划分为六个阶段：

创立期：资金主要来源于企业主的自有资金，资本化程度较低。

成长阶段Ⅰ：资金主要来源于企业主的自有资金、留存盈利、银行短期信贷及透支、租赁等；存在存货过多、流动性风险问题。

成长阶段Ⅱ：资金来源除了成长阶段Ⅰ的资金外，还有来自于金融机构的长期融资；但还存在一定的金融缺口。

成长阶段Ⅲ：除了成长阶段Ⅱ的资金外，还有来自于证券市场的股票、债券融资。这个时候企业的控制权处于分散化。

成熟期：以上全部的资金来源，企业的投资回报增长平缓，趋于保守。

衰退期：由于投资回报率下降，金融资源开始以并购、股票回购、清盘等形式撤出企业。

可以看出，早期的金融成长周期理论主要是根据企业的资本结构、销售额和利润等显性特征来阐明企业在不同发展阶段的融资方式选择，而信息等隐性因素则较少考虑。在后期的研究中，信息问题作为解释中小企业资金来源变化的一个重要因素而被纳入基本变量之中。美国经济学家伯杰和尤德尔（1998）对修正后的企业金融成长周期理论是这样表述的：在企业创立初期，由于资产规模小、缺乏业务记录和财务制度的不健全，企业信息基本是封闭的，很难获得外源融资，企业主要依赖内源融资。当企业进入成长阶段后，由于市场行情好，规模开始迅速扩大，对资金的需求也逐渐增大，并且企业规模的扩大，使用于可抵押的资产也在增加。企业有了初步的信用记录，信息透明度有所提高，所以企业开始较多地依赖金融机构的债务融资。当企业进入成熟阶段时，业务记录和财务管理趋于健全，开始公开发行股票，来自金融机构的债务融资比重开始逐渐下降，股权融资比重迅速提高，一部分的中小企业成长为大企业。这个过程可参照国内学者陈晓红教授（2003）关于中小企业的规模成长阶段与融资方式的选择表（见表 2－1）。

表 2－1

<table>
<tr><th>企业规模</th><th colspan="2">小型企业</th><th colspan="2">中型企业</th><th>大型企业</th></tr>
<tr><td>资产、信用</td><td>刚建立，无抵押和信用记录。</td><td>有少量应收账款，固定资产较少。</td><td>有了更多的资金，有较多的信用记录。</td><td>有了更多的固定资产和流动资金，资本金增加。</td><td></td></tr>
<tr><td>企业特点</td><td colspan="2">信息不对称问题较大，企业经营风险较大，盈利水平较低，主要靠业主和主要股东投资。</td><td colspan="2"></td><td></td></tr>
<tr><td rowspan="6">融资渠道</td><td colspan="2">内源性融资、天使资金</td><td></td><td></td><td></td></tr>
<tr><td>外部抵押贷款</td><td colspan="2">风险投资</td><td></td><td></td></tr>
<tr><td></td><td></td><td colspan="2">银行短期贷款</td><td></td></tr>
<tr><td></td><td></td><td colspan="2">银行中长期贷款</td><td></td></tr>
<tr><td></td><td></td><td></td><td colspan="2">发行商业票据和债券</td></tr>
<tr><td></td><td></td><td></td><td colspan="2">首次公开发行股票（IPO）</td></tr>
</table>

资料来源：陈晓红、黎璞：“分工演化与关系型融资：中小企业融资问题的新理论解释”，《管理评论》，2003 年第 5 期。

企业融资理论从不同的角度、不同的研究对象、研究内容，对企业融资安排作了理论上的解释，尽管每种理论还不能准确而系统地阐述企业融资的问题，但其理论的阐释不无道理。不论是什么性质的企业，不论是哪种类型的企业，也不论是哪国的企业，在融资制度计划与安排上，都遵从着企业本质规律，债权融资、股权融资以及由此产生的资本结构，进而影响（或造成）企业治理结构等问题的研究。研究中小企业的融资担保问题，特别是民族地区中小企业的融资担保问题，必须以企业融资理论为基础，必须以企业融资理论为支撑。

第二节　中小企业融资方式

资本是企业发展所必需的资源之一。与劳动力和土地等资源相比，资本是一切资源的基础。按照资源的有偿性要求，任何资源的让渡都必须伴随着资本或者说资金的让渡。因此，中小企业的发展过程中，资金问题是不能回避的，资本是企业发展的“血液”。融资是指资金的供需双方资金让渡的过程。

一、内源融资与外源融资

内源性融资是指发生在企业内部的融资活动，但内源性融资并不局限于企业自身的资金。企业可以在内部通过留存收益、股东追加投资、计提折旧、变卖资产、应收账款融资、国家政策补贴（减免和退税）和员工集资等方式筹集资金。企业的留存收益和追加投资是企业自有资金的主要方式。通过计提折旧和国家政策补贴，采取不同的折旧方法，合理规避税务和获得税收补贴，增加企业的税后利润，变向取得了融资。随着商业信用的发展，企业通过与供应链上下游企业的应收和应付账款以及应收和应付票据的合理使用也可以在短期内满足企业的资金需求。与外源性融资相比，内源性融资更具自主性，不易受到外部条件的影响和约束，筹资速度快；内部融资并不像外部融资那样需要支付大量律师费、会计师费等中介结构的费用，筹资成本较低；内部融资只是所有者权益内部各会计科目的变动或是股本的同比例增长，不会改变原有的股权结构，也不会增加额外的利益相关者，减少了外部利益相关者对企业的控制。内源性融资是企业创立的源泉，满足了企业在创立初期对资金的需求，促进了企业在创立初期的发展，也是企业生命周期中必不可少的资金来源。

根据西方发达国家的成功经验，在市场经济高度发达的国家，外源性融资对企业的持续发展起着重要作用。顾名思义，外源性融资，主要是在企业之外筹集资金。外源性融资又可根据融资过程有无中介机构，分为直接融资和间接性融资。在这里只从融资模式方面加以分析研究。

二、债权融资方式

（一）银行贷款

银行贷款是我国企业重要的外部融资渠道。相对于大企业，中小企业对银行贷款的依赖度较高。银行在期限和利率等方面有着不同种类的贷款可供企业选择。当企业符合贷款条件时，可以迅速从银行获得成本较低的贷款。在贷款期内，随着企业自身情况的变化，企业还可以灵活地与银行进行协商。银行贷款是一种商业行为，银行必须考虑贷款的成本和收益，银行在确保一定风险水平的前提下，通过存贷利率差实现收益。为了有效实现收益，降低信用风险，银行往往以风险控制为原则，对融资对象的融资行为进行审核。企业尤其是中小企业在申请银行贷款的过程中，面临严苛的贷款条件、繁杂的审批手续，易受国家宏观货币政策的影响，有时还需提供额外担保，申请难度较大。银行贷款虽说种类较多，但银行大多提供短期和固定资产贷款，融资额度相对较小，有时往往不能募集足够的资金。

中小企业所采用的贷款融资方式，主要有政府担保贷款、贴息贷款以及出口信贷。

1. 政府担保贷款

政府担保贷款是政府促进中小企业融资的主要方式，也是最有效的债务融资方式之一。在我国政府促进高技术企业发展的基本政策中已明确指出“建立、健全我国科技型中小企业的融资担保体系”。具体方式是政府出资，或与科技型中小企业协作组织出资，建立专为中小企业融资提供担保的融资担保公司。近年来各级政府已建立起了各种出资形式和融资形式的担保公司，广泛地活跃在中小高技术企业融资领域。在政府融资担保机构的担保下，商业银行基本都愿意向中小企业提供贷款，使贷款申请的成功率超过90%。

2. 贴息贷款

贴息贷款是政府扶持企业的主要方式之一。具体做法是在贷款过程中，银行出钱，企业用钱，到期还本，政府付息（全部利息或部分利息）。政府贴息降低了企业的融资成本，减轻了企业的负担。由科技部管理的科技创新基金，将使用这种方式来刺激和鼓励中小高技术企业投资创新。创新基金不以营利为目的，通过拨款资助、贷款贴息和资本金投入等方式扶植和引导中小型高技术企业。

3. 出口信贷

银行向出口企业或进口企业提供的贷款为出口信贷。这种贷款的目的是促进我国企业，特别是中小高技术企业的科技产品出口，增强我国企业的市场竞争能力。出口信贷利率较市场利率低，其差额一般由政府财政负担，以吸引国外企业使用这种贷款购买我国企业的产品、技术和服务。根据贷款对象的不同，出口信贷又可分为买方信贷和卖方信贷两种。出口卖方信贷是我国银行向我国出口企业提供的贷款，而出口企业向国外的进口商提供延期付款的便利。买方信贷则是我国银行向购买我国企业产品技术的外国企业提供的贷款。出口信贷是中小企业出口业务过程中可选择的重要融资工具。

政府的贷款扶持显然解决了中小企业融资中的诸多难题，优点是显而易见的。但大都存在着手续繁杂、效益低的缺点，同时融资担保还存在费用高的难题：由于担保公司要收取担保费，银行同样收取贷款利息，造成担保公司的贷款融资费用高于一般银行的贷款融资。由于贷款要经过担保公司担保和银行贷款的申请、审查两道手续，造成担保融资贷款的过程繁琐于一般银行的贷款融资。

（二）发行企业债券

债券是债务人依据法定程序发行的、承诺在未来一定时期向债权人支付一定利息和偿还本金的有价证券。发行债券的特点是：

1. 经营规模大，时间长。发行债券经营能使企业获得长期的，数额较大的资金来源，且企业能自主支配筹集到的资金。而其他筹资方式都或多或少地受到债权人的监督和干预，专款专用。

2. 抵税优惠，资金成本低。发行债券的利息费用一般计入成本，从而有减免部分所得税的好处。

3. 风险较大。债券有固定的到期期限并定期支付利息。在公司经营不景气时，向债券持有人还本付息会加重企业财务困难，甚至会引起公司破产。

债券融资通常被视为与银行信贷具有很强的相互替代性。债券融资在降低和约束债务代理成本方面具有银行信贷不可替代的重要作用。首先，企业债券通常存在一个广泛交易的市场，投资者可以随时予以出售转让。这就为债权投资人提供了充分的流动性，可以降低投资的“套牢”效应，也即是降低了投资的专用性。债权人对权利的保护不再是必须通过积极地参与治理或监督，而且还可以通过交易转让的方式。这种情况下，从特定债券投资者的角度来说，债权人与股东之间的冲突被分散化了，债权的代理成本相应降低。

债券对债权融资代理成本的约束还通过“信号显示”得以实现。由于债券存在一个广泛交易的市场，其价格能对债券价值的变化作出及时的反映，并且债券的价格变动不仅反映债券本身的价值变动，还将反映企业整体债权价值和企业价值的变化。企业债券价格实际上起到了一个企业债权价值“显示器”的作用，有助于债权人及时发现债权价值的变动，尤其是在发生不利变动时迅速采取行动来降低损失。显然，债券的这种作用可以控制债权人与股东之间的冲突——在冲突刚开始时就及时发出信号，引起债权人的重视并采取适当行动，从而防止冲突扩大或升级。银行对贷款的质量评估也可以起到类似作用。但由市场来对企业债务定价，不仅成本要低得多，而且准确性和及时性要高得多。债券的这种信号显示作用是其他债权融资方式所不具备的。

（三）民间借贷

企业融资往往受到经营状况和资产状况等问题，无法在证券市场和银行筹集到所需资金。银行由于风险控制，往往喜欢贷款给经营状况良好、规模较大的企业，甚至会主动向这些企业贷款。企业债也往往是成熟期、稳定期的大型企业所容易得到的融资方式。中小企业往往转向民间借贷市场，民间借贷是中小企业融资的主要方式。需要指出的是，一般中小企业是很难发行企业债券的，换句话说，中小企业发行债券受多方因素的限制，很难实现。就中小企业来讲，自身抗风险能力的弱化，使得企业债券这种融资方式受到了限制，初创期与成长期的企业很难发行债券。

随着我国市场经济体系的建立，我国的民间借贷日益活跃，在经济金融运行中发挥了重要功能。我国农户每年从民间获得的贷款总额高达1000亿元，在一些经济比较发达的地区，此比例在小微企业的资金来源中占80%左右。随着融资需求的不断扩大，整个社会对民间借贷的认可度逐步提高，民间借贷的普及范围越来越广。但民间借贷市场的资金成本较高、风险较大。由于是民间借贷，仅仅依靠血缘和地域关系而非社会信用关系进行操作，难以发展真正市场化的融资活动，信用违约风险相对较大，一般要求企业通过抵押的方式贷款，由于民间融资风险很大又得不到保障，有些地下钱庄已经引入了黑社会势力来帮助收贷。民间融资活动缺乏真正的金融监管，因此易引发社会问题。这种融资方式必须加以规范，只有规范有序，才能为中小企业的融资发挥主力军的作用。

（四）商业信用保证

商业信用是指在商品交易过程中，企业与企业之间以延期付款、预收账款的形式提供的信用。商业信用的对象是再生产过程中的商品资金，因此，直接与再生产过程中的资金循环相联系，是企业之间的直接信用行为。企业利用商业信用经营的主要方式有赊购、预收账款、补偿贸易、加工装配。

商业信用是随着商品赊销活动而自动取得，非常方便，不像银行贷款那样必须先向银行提出申请，获准后才能取得。它是随商品赊销的同时取得的信用。同时商业信用会随着企业间增加购销总额而自动增加，比较灵活。有现金折扣存在时资本成本高。如果企业未在销售方规定的折扣期付款，商业信用的资本成本将会增加。

（五）租赁融资

租赁是缺乏资金而又急需生产设备的企业筹集资金的一种特殊方式，它指企业通过租赁某种资产的使用权，从而相当于“筹集”到一笔购置设备所需的资金，使企业既解决了设备资金问题也得到了设备。虽然最终企业并没有因此而少支付相应的款项，但租赁融资以分期付款的方式缓解了中小企业短期内筹集到大笔资金的困难。由此可见，租赁融资可以给承租人带来既可以根据自己需要选定最合适的生产设备的便利，又可以解决企业资金上的困难，以及在需要继续租赁或想拥有该设备时具有较灵活的选择权等好处。按照租赁的目的，租赁可以分为经营租赁和融资租赁。融资租赁又可分为直接租赁、售后回租、转租和杠杆租赁。

融资租赁准入门槛较低，操作方便简单。一般而言，企业取得银行贷款有条件限制，而且企业若向银行等金融机构贷款购买设备等资产，银行等金融机构往往要求企业有一定比例自有资金。而采用融资租赁方式，除需要预付租金，在期初不需支付任何款项，即可取得生产经营所需的设备或其他资产，这就等于承租企业向出租企业取得了长期借款。所以这种经营方式，对那些财力不雄厚，或难以以其他方式取得资金的企业而言，更容易实施。由于设备租赁所有权是出租人的，因此承租企业可以避免购买设备使用时，由于设备陈旧过时而形成的风险，而且企业有较大的选择余地，对设备不满意即可不续租而中止合同。租赁经营往往会造成租赁企业的高成本经营，出租人是通过租金获得报酬的，因此租金总额比租赁物购置价值要高。融资租赁物的残值归出租人所有，除非承租企业在租赁期满后买下租赁物，否则承租企业不能享受租赁物的残值。因此，承租企业一般都是在成本经营方面具有优势，或是能够承担高成本经营的创新企业或具有创新能力的中小企业，中小企业通过租赁经营可以获得银行一般贷款难以支持的服务。

三、股权融资方式

（一）IPO 上市融资

首次公开募股（Initial Public Offerings，简称 IPO），是指一家企业或公司（股份有限公司）第一次将它的股份向公众出售。IPO 上市能够直接为公司募集到股权资本，而且公开上市公司能够拥有更多的融资渠道。由于上市后公司股票公开交易，流动性得到加强，因此与股票相关的有价证券就可以成为公司的融资手段，比如可转换债券和认股权证等，金融衍生品也成为公司现实的融资选择。企业 IPO 还可以促进公司直接发股和发债的能力，大量的资金注入可以增加公司的自有资本，降低公司的财务杠杆比率，有效地提高了公司的额外举债能力，而高杠杆比率导致的代理成本增加问题，以及大量举债造成的投资不足问题，都会得到缓解，又进一步提高了投资者为公司股权融资提供资金的积极性。IPO 对一系列融资手段的外部性会积极地影响到融资成本，可行的融资手段选择越多，公司融资的议价能力就越强。IPO 所引起的公司信用提升、信息条件改善和议价能力增强，进一步拓展了公司的融资渠道，有利于公司低成本融资。

（二）增资扩股融资

增资扩股融资是指中小企业根据发展的需要，扩大股本，融入所需资金。对难以上市的中小企业来说，增资扩股的融资方式就是吸收直接投资者，从而投资者可以用现金、厂房、机器设备、材料物资、无形资产等多种方式向企业投资。增资扩股的资金属于自有资本，与借入资金比较，更能提高企业的资信和借款能力。增资扩股不仅可以筹集现金，而且能够直接获得其所需要的先进设备和技术，可以更快地形成生产经营能力，有利于企业的扩张需求与规模经营的实现。

增资扩股经常发生在股权转让之后，新的控股股东在接管企业之后，为了扩大生产，加快企业发展步伐，会和其他股东协商进行增资扩股。如果企业股份出让进行合理，企业重组进行顺利，新的股东和管理层被市场看好，这是增资扩股的好时机。企业在确定进行增资扩股时，不仅要充分考虑企业的经营状况和发展需要，还要充分了解市场变化和投资者对企业的信心。融资不仅要把握增资扩股的时机，还要充分安排与分析企业股本股权结构与融资规模，一切以利于企业为前提。融资太少，不足以支持企业的发展，还要支付大量的融资成本；融资太多，又会稀释企业股权，影响企业管理权，增加企业管理的压力，还有可能发生增发风险，从而影响企业声誉。

（三）风险投资融资

风险投资是指把投资资金投向蕴含着较大失败风险的高新技术开发领域的企业一种商业投资行为，以期成功后取得高额的资本收益，是资金、技术、管理与企业家精神有机结合的新型投资方式，是一种区别于其他投资方式的专对风险企业投资的专家管理的专门资本。风险投资家将所投股本资金投资到创业企业，并希望投资获得高于平均回报率的较高回报。风险投资主要面向高风险、高收益企业。风险投资家在备选项目上有着优于其他投融资方式投资者所具有的能力，投资者和企业家之间的信息中介在于风险投资家，因为风险投资家具有丰富的技术和行业经验，有能力判别项目，缓解信息不对称，减少逆向选择，使风险企业更容易获得融资。风险投资家善于在信息不对称环境下选择好的项目，并善于监控和提供服务支持[①]。风险投资的整个过程中，有两层的委托代理的契约关系，分别是投资者和风险投资家之间的契约关系和风险投资家与风险企业之间的契约关系，这使得风险投资制度契约安排的相关研究极其重要。与其他类型的投资者或代理人无异，信息不对称和代理问题也存在于风险投资家和风险企业家之间。对此，风险投资的研究主要集中在收益分配机制、风险资本的投入方式和风险投资家对风险企业的内部监控三个方面[②]，采用约束机制、监督机制、激励机制和声誉机制四个方面来解决风险投资的代理问题。中小企业特别是高新技术企业，是具有较高的收益与风险类型的企业，它是风险投资的主要“战场”，深受风险投资家的“青睐”。

中小企业集群风险投资融资模式，是专门针对中小企业而创造的一种新型风险投资模式；是一种集群 VC 融资整体解决方案；是集群内若干中小企业根据自身的生产经营状况、资金需求和未来发展前，将所需风险投资额上报集群财务公司，集群财务公司利用自身优势和政府扶持，发起中小企业集群风险投资基金，并进行资金筹集和分配以及正确处理各方面关系的一种综合性融资形式。设计该模式的基本思路是充分利用集群整体融资优势，实现集群内外部投资者对集群内中小企业的低风险，提高集群内中小企业的资金获得性。中小企业集群风险投资融资的主体包括集群内中小企业、集群财务公司、集群外投资者和政府四部分，集群内中小企业通过集群财务公司实现与集群外金融机构的业务来往，集群财务公司沟通了集群内部资本市场和集群外部资本市场，也极大地促进集群内部资本的流动性。

中小企业集群风险投资融资模式主要是中小企业集群内“直投模式”和中小企业集群内外结合的“联投模式”。

1. 直投模式

“直投模式”是指集群财务公司将集群内零散的风险投资资金汇集起来，通过集群风险投资基金，投资到集群内中小企业中去。实际上，这是一种集群准内源性融资，其资金来源于集群内部，利用集群财务公司的风险投资专业特长，降低投资项目风险和提高投资项目质量，并且利用集群财务公司的管理技

---

① 刘惠好：“创设光谷产业投资基金支持光电子企业集群发展”，《经济界》，2008 年第 2 期。

② 冯宗宪、谈毅、冯涛、郭杰：《风险投资理论与制度设计研究》，科学出版社，2010 年。

能，加快企业发展，提高投资项目收益。其 VC 运作环节基本在集群内部完成，该模式能够满足集群内中小企业的融资部分需求，提高集群内部资本市场的流动性和内部资本市场资金利用率，有利于非正规金融的正规进程（见图 2－1）。

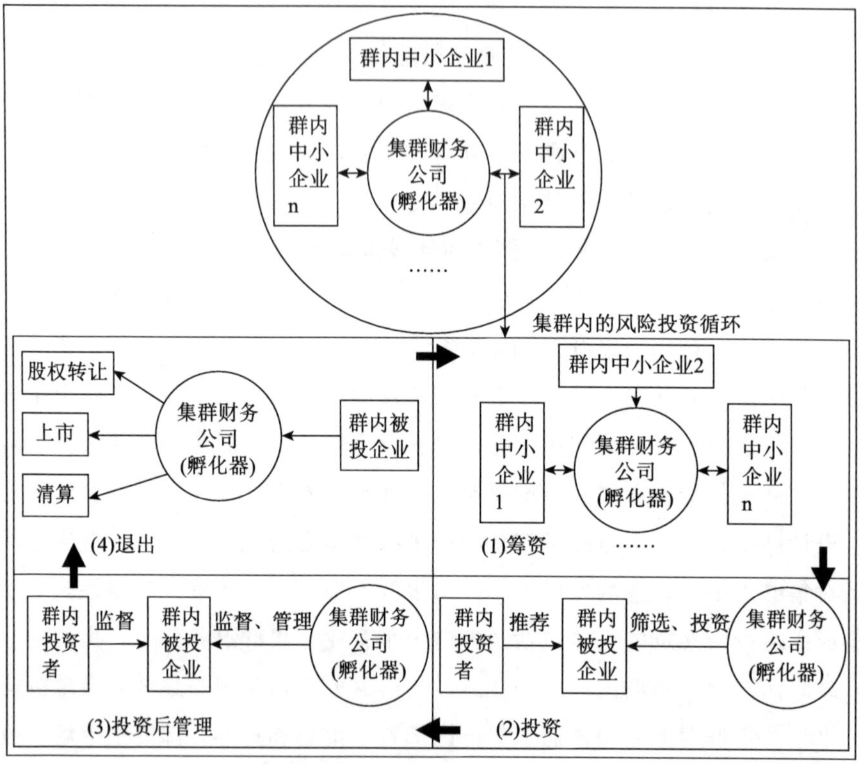

图 2－1　直投模式示意图

2. 联投模式

由于集群中小企业往往需要大笔资金投资于研发、技术创新和产品推广等，仅从集群内部募集资金难以完全满足中小企业资金需求。如果仅仅从内部进行融资难以实现集群风险投资基金的持续发展，必须要提高集群的外部融资能力，才能真正解决集群中小企业的风险投资融资需求。这样集群风险投资的“联投模式”就应运而生了。“联投模式”就是面向集群外部风险投资者，资金来源于集群外部，集群外部的风险投资者主要有专业机构风险投资家、科研机构、金融机构、个人投资者、各类基金、政府及群外非金融企业等。依靠集群财务公司这一中介组织的信息优势，汇集广泛而众多的集群外社会闲散资金用于集群内企业的风险投资，并可以更好地用约束机制、监督机制和声誉机制控制风险（见图2－2）。

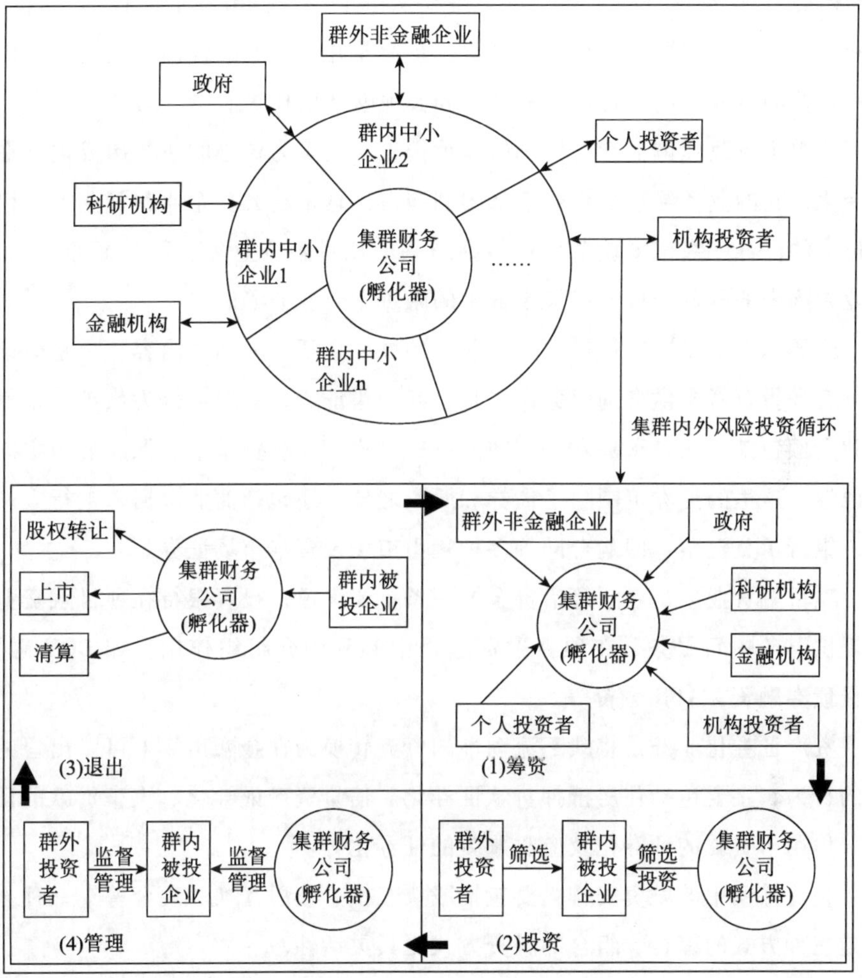

图2－2　联投模式示意图

（四）投资银行融资

投资银行是指专门在证券初级市场上从事证券发行代理业务（主要是证券承销业务）的金融机构，其实质是长期资本市场上的金融中介。投资银行是为“政府、商业证券发行者与投资公众之间的中介人”，“在私人资本市场上开展经营活动，并帮助资金盈余者与资金短缺者之间相互敲定或相互落实资金调拨的机构”或“为客户筹集资金以资助新投资项目的机构”，或称为“证券推销商”。投资银行的业务广泛，主要从事证券发行市场上的代理发行、承购和销售；二级市场上的经纪和自营；企业兼并、收购的咨询、策划和提供融资；企业的财务咨询；管理投资基金和其他财产信托等。

从整个行业总体上看，传统的以承销、经纪等为核心的业务构成逐渐在发生变化，新的业务给这个行业带来的利润占比越来越大。企业融资业务不仅包括传统的证券一级市场业务，还包括新兴的项目融资业务、资产证券化业务、企业并购中的融资安排、风险投资中的融资中介业务等。

证券承销是投资银行最重要的业务领域。包括三方面的内容：一是对证券发行者和投资者提供咨询服务；二是公开销售证券，一般可分为代销、余额包销和全额包销；三是私募发行，即向机构客户，如投资基金、保险公司定向销售证券。这里的证券范围除了债券和股票之外，还包括商业票据、银行大额存单、银行承兑汇票、回购合同等多种货币市场及资本市场证券。

项目融资业务是企业筹措资金的一条重要渠道，投资银行在项目融资业务中提供财务顾问服务，在项目融资过程中起到中介组织作用，如 BOT 融资，项目债券融资，ABS 融资等。

资产证券化业务是将缺乏流动性的资产转换为在金融市场上可以出售的证券的行为，主要包括住房抵押贷款证券化、信贷资产证券化、汽车贷款的证券化、信用卡贷款的证券化及应收账款的证券化等。

企业并购中的融资安排主要包括股票互换、债股互换、现金筹集三种方式或是三种方式的综合，组合的融资方式更具灵活性。

风险投资中的融资中介业务，投资银行凭借其声誉与经验自然的成为风险投资公司的筹资代理人，也为机构投资者提供投资咨询，负责为机构投资者评估和推荐投资对象。这种融资中介服务有利于消除信息不对称缺陷，为大批机构投资者涌入风险投资行业消除顾虑，大大地推动了风险投资行业的发展。

（五）杠杆收购融资

杠杆收购（Leverage Buy - out，LBO）是以各类债务资本为主要融资工具，通过安排目标公司大量举债来向股东购买其股权，且所举债务大多以目标公司资产作担保来获得。它主要运用财务杠杆加大负债比例，以较少自有资金投入融得数倍的并购资金，对目标公司进行收购、整合，使其产生较高盈利能力后再伺机出售获利或继续经营。整个筹资活动是以较低的资金成本和并购后债务易降低作为准则。

（六）资产证券化融资

资产证券化就是通过对明确稳定的但流动性不灵活的预期资产现金流，在金融中存在的风险和收益进行规避和分析，通过特定符合市场的交易模式，使其在金融市场上流通和交易。以缺乏流动性、但能产生预期现金流的资产为基础资产；通过金融市场直接融资；以基础资产或资产组合未来能够产生的现金流为支撑。（SPV）机构就是专门从事资产证券化业务操作的公司，它收购明确稳定的但流动性不灵活的预期资产现金流，以该资产作为有效支撑，从而发行证券，并对购买资产的价款进行支付，支付方式为利用证券出售所获得的资金。

浙元一期第一个把中小企业贷款作为基础资产进行资产证券化实施，在我国的资产证券化里具有里程碑式的意义。该证券化由商业银行的模式和浙江的经济特点所决定。浙元一期的所有贷款全部是中小企业贷款，共涉及80笔贷款，45个借款人，20个二级行业，借款人分布在杭州、金华、舟山等浙江省八个地区。贷款总额达到6.96亿元，单笔最大额四千万元，而贷款期限仅仅只为184天，中诚信国际给予的资产池借款人加权平均信用评级为BB+，均为正常类贷款，全部具有不动产抵押，而平均贷款利率达到8.927%。同以前的信贷产品相比，该贷款具有期限短、信用质量低、贷款利率高、规模小等特点。

以上分析清楚表明，中小企业融资渠道呈多元化，可供选择的方式是多种的，但中小企业特别民族地区中小企业由于自身规模的限制，内源性融资严重不足，作为企业融资的主要方式难以有效支撑企业的发展；银行贷款的资信要求以及抵押品较少造成企业难以获得银行的贷款；资本市场上对企业的进入门槛要求较高，对于中小企业来说难度太大；民间借贷虽说可以满足企业发展的部分需求，但民间借贷市场缺乏有效地监管和保护机制，严重影响着社会的稳定。总的来说，我国中小企业融资需求波动大、时间短，融资渠道单一，过分依赖内源性融资，外源性融资较少，而外源性融资中又很依赖银行贷款。这种融资现状，一直困扰着中小企业的发展，“融资难”成了一个难以破解的难题，成为中小企业发展的瓶颈。由于劳动力和原材料成本的增加，企业的利润率较低，变相地提高了自有资金的使用成本。而根据2012年工信部针对工业调研报告，中小企业获得银行贷款的综合成本达到13%，远高于一年期贷款基准利率。此外，中小企业还要负担在获取银行贷款过程中大量的担保费、评估费等费用，加剧了中小企业的融资负担。中小企业融资难，资金成本高，资金缺口大，是现状，更是问题，要寻求破解良方。

第三章

民族地区中小企业融资

第一节 民族地区中小企业融资现状及特点

中小企业融资难的问题迄今为止仍然是世界性的难题。我国在改革开放三十多年的时间内取得了举世瞩目的发展奇迹。伴随着我国人口红利的消失，刺激性经济手段的慎用，经济发展的脚步逐渐放缓，再也无力支撑较高水平的发展速度。在经济转型的今天，民族地区区域经济的发展，尤其是民族地区中小企业的发展，影响着我国民族地区的社会稳定和民族团结，而且关系着我国小康社会的进程。我们也清醒地认识到，民族地区的经济发展仍然落后，民族地区的中小企业依然存在着规模小，发展缓慢，结构不合理，缺乏发展后劲与成长潜力，资金缺口大等问题，这里我们仅研究融资问题。

一、内源融资受限，融资能力不足

内源融资是企业不断从自有资金和经营管理的盈余并转化为投资的过程。从企业资本形成来看，内源性融资自主性较高、成本低，具有良好的抗风险性。内源性融资是企业融资的重要渠道。我国民族地区中小企业数量较少，规模相对较小，更多的是家庭作坊式的企业。从企业类型角度来看，我国民族地区的中小企业大多属于劳动密集型企业，产品科技含量低，生产偏向于手工化。伴随着劳动力和原材料的价格上升，我国民族地区中小企业的利润率呈下降趋势，而作为内源性融资主要来源的留存收益必然不会太高。我国民族地区虽说在宏观政策上有一定优势，但会计和税务上仍没有享受实质性优惠，这必然会影响民族地区中小企业自有资金，加之我国民族地区整体经济发展水平较低，人均财富的拥有量较中东部发达地区有较大的差距，企业内员工也不能成为企业融资发展中可靠的资金供应者。民族地区中小企业自筹资金有限，内源融资能力严重不足。

二、直接融资受阻，融资条件不足

我国的资本市场经过近 30 年的发展，从无到有，从小到大，已经拥有主板、中小板、创业板、新三板市场，上市公司 2016 年已逾 3000 家。尽管还存在着发行制度不完善、准入门槛过高、二级市场不稳定、投资性较高，市场结构不均衡等问题，但在企业直接融资方面作用不容忽视。据不完全统计，仅 2016 年上市公司融资总额达到 15180. 45 亿元，其中中小板达 1768. 84 亿元，创业板达 4045. 64 亿元。特别是新三板自挂牌以来已有 11123 家企业上市[①]，融资额达到 1216. 17 亿[②]。企业上市融资已成为企业融资的一个重要渠道，并正在向主渠道迈进。但从上市融资的情况来看，民族地区的企业，民族地区的中小企业上市公司无论从数量上，还是从融资规模上讲，与全国的发达地区相比，有一定的差距，也低于全国的平均水平。截至 2016 年底，内蒙古、新疆、宁夏、广西、西藏这些民族自治区上市公司数量分别是 20 家、52 家、12 家、36 家、14 家，分别占总数的 0. 70%、1. 83%、0. 42%、1. 27 %、0. 49 %。就中小企业板看，2016 年上述五个民族自治区的上市公司也只有 5 家、20 家、8 家、18 家、6 家，分别占中小板上市公司总数的 0. 58 %、2. 31 %、0. 93 %、2. 08 %、0. 69 %。创业板情况亦是雷同，五个民族自治区上市公司近有 9 家，占全国总数的 1. 4 %。从 2016 年下半年开始，配合国家的精准扶贫工作，IPO 发行向贫困地区倾斜，有了一定的改善。但我们认为，这种倾斜有悖于资本市

① 数据截至 2017 年 5 月 7 日，数据来源：全国中小企业股份转让系统。

② 数据截至 2015 年 12 月 31 日，数据来源：全国中小企业股份转让系统。

场的本质，很难治本，相信也会难以为继。民族自治州、自治县的情况就更为突出，据调查，甘肃省本来上市公司就少，而其属下甘南藏族自治州与临夏回族自治州以及几个自治县没有一家上市公司。其他省市的情况也大致相同。形成这种局面的原因，一方面是广大的民族地区经济发展相对比较落后，符合上市公司条件的公司少之又少；另一方面，在证券市场发展的前期，准入门槛过高也限制了公司上市，特别是一直变动着的IPO制度与条件，对民族地区的企业上市也有多种限制，加上资本市场的不完善，没有更多的区域性、场外交易市场，对民族地区公司的培育也比较缺失。与全国规定相比，拿统一尺度衡量，民族地区的企业特别是中小企业就很难上市，很难融资。新三板和创业板的出台，一定程度上缓和了这种压力，但以民族地区企业多处于劳动密集型行业，治理结构不健全和科技含量相对较低，依然无法凭借新三板和创业板筹集更多资金，无法根本解决直接融资不足的问题。

三、银行贷款受限，间接融资困难

与内源融资便利相比，在外源融资情况下，相对来讲，通过银行信贷获得资金，是企业获取外源性资金的主要形式，是主渠道，是中小企业资金的主要来源。银行贷款有抵押贷款、信用贷款、担保贷款等主要方式。从总体上讲，银行的信贷资金来源有企（事）业单位的存款及居民的储蓄存款，一定程度上讲，银行的贷款规模受制于银行的存款规模。地区经济发达，居民收入较高，区域性强经济总量较大，相应的存款总量就高，也就使得贷款规模的扩大成为可能，而我国民族地区，经济发展相对落后，不论是经济总量，还是经济规模、居民收入都较少，为本地区信贷投放的扩大形成了不利影响。我国金融体系的建设格局中，中小企业的信贷投放主要依赖于地方性的商业银行与地方性的其他金融机构，区域性的股份制银行及全国性的大型商业银行、外资银行，一般对中小企业的信贷投放相对大企业较少，而且民族地区的中小企业信贷投放又少于发达地区的投放。这种信贷投放可能使民族地区的银行机构出现存大于贷的问题，成为“存差行”，本来较少的存款来源还通过银行的内部调拨，拨向了其他经济发达地区，直接造成了民族地区中小银行贷款的困难。

就贷款方式看，在资信评估中，民族地区的中小企业一般评级较低（特别是银行内部评级），信用贷款的条件很难满足，再加上这些地区的中小企业在资金经营中的不规范，致使信用放款的比例越来越低，企业很难获得银行的信用贷款。就抵押贷款而言，受制于经济、历史等条件的限制，民族地区的企业特别是中小企业可用于抵押的资产较少，按照银行抵押贷款的要求，很难满足银行贷款条件，直接影响了抵押贷款的发放。尽管银行试图作进一步的努力，但银行与企业的信息不对称，致使企业难以获得抵押贷款，银行还承担了巨大的贷款风险，抵押物决定了抵押贷款的规模。就担保贷款来讲，企业间的贷款担保有限，一是担保企业有限，二是满足条件的担保企业更有限，担保问题成了企业贷款难的直接因素。近些年来，全国及民族地区在信用担保方面作了多方的尝试与有益的探索，使担保贷款成了民族地区中小企业获取信贷资金的主要方式，这也正是我们这一课题研究的原因。因此，在一定意义上说，民族地区中小企业要解决融资难的问题，必须解决信用担保的问题，尽管信用担保会带来资金成本的增加，但总比不融资、难融资要优越。

从民族地区近些年来的信贷投放情况来看，这些地区不仅信贷投放总量较小，占全国比重较少，而且信贷投放的增幅也不符合民族地区经济发展的要求。“十二五”期间，全国信贷投放总规模超过380万亿元，分年是54.79万亿元、62.99万亿元、71.9万亿元、81.68万亿元、98.1万亿元，年均信贷规模的增长速度为19.76%。以新疆为例，“十二五”期间，其信贷投放总规模50893.61亿元，分年是6270.21亿元、8386亿元、10377.1亿元、12209.3亿元、13651亿元，年均信贷总规模的增长速度为29.43%，尽管与全国增长速度相比，高9.67个百分点，但绝对量依然很低。

四、吸引外资条件有限，招商引资进程缓慢

改革开放三十多年，作为我国经济起飞的重要一翼，就是招商引资。招商引资解决了我国企业，特别是中小企业起步阶段的资金要求。改革开放的30年反复证明了招商引资在促进区域经济发展中的先导作用，不论是招商引资前期的实业投资，还是后来发展起来的股权投资，很大程度上解决了资金短缺的

问题。而吸引外资的政策已经成了一国或一地区经济发展的永久性政策，外部资金的进入，加快了区域经济的起飞。我国沿海地区发展的历史，就是吸引外资与外资在区域经济中发挥作用的历史，是一部活生生的作品。当然，外资的进入是以获取利润，或者有利可图为前提的，也就是说，能赚到钱并能多赚钱是外资进入的唯一标准，或者换句话说，资本会向高利润地带流动。而我国的民族地区，改革开放程度比起沿海发达地区，在时间上滞后，在空间上有限，政策环境、观念等限制了外资的进入，即使通过各种方式吸引的外资，也因缺乏好的项目或好的企业，影响了外资的利用效率，个别地方的外资甚至缺乏必要的措施保证，出现安全性问题，进而影响了外资进入的后续进程，限制了外资作用的发挥。与发达地区相比，民族地区吸引外资工作，不论是时间，还是规模，增长速度及外资来源的渠道等都有很大的差距。有资料表明，我国吸引外资最早的地区东南沿海，主要以珠江三角洲为代表，后来延伸到长江中下游地区经济带，主要以长江三角洲为代表，进而发展到渤海湾经济带。20 世纪八九十年代的广东，跨世纪前后的浙江、上海以及 21 世纪初期的山东等地经济的起飞，在一定程度上证明了外资在区域经济发展中的意义。“十二五”期间的数据也明确表明了民族地区吸引外资的基本态势。“十二五“期间全国共吸引外资 5911.5 亿美元，分年数量分别为 1160.11 亿美元、1117.16 亿美元、1175.86 亿美元、1195.67 亿美元、1262.7 亿美元。民族地区我们就以经济发展较快的内蒙古自治区为例，2014 年和 2015 年吸引外资的总额分别为 39.8 亿美元、33.7 亿美元。而我们再看沿海地区的江苏省，2014 年、2015 年吸引外资总额分别为 281.7 亿美元、242.7 亿美元，足见其差距。外资规模的差距，使民族地区经济发展失去了一翼，而民族地区经济发展的落后与差距，又进一步影响了外资的进入，成为恶性循环，必须引起足够的重视。

五、资本民间借贷活跃，企业融资成本偏高

中小企业，特别是民族地区的中小企业，如前所述，内源融资能力有限，外源融资中，不论是直接融资的股权融资，还是间接融资的债权融资，以及招商引资，都受到种种限制，很难满足中小企业发展的资金需求。这种融资结

构，致使民族地区的中小企业，不得不把融资的重心转移到民间借贷上。众所周知，我国的民间资本借贷，除了借贷利率均高于银行借贷资金固有的特征外，民间借贷的操作不规范，造成了利息成本过高，民间借贷次生性问题频发，企业“跑路”等问题，不仅给融资企业带来了高成本支出，而且给经济乃至社会带来了破坏与不稳定，严重影响到实体经济的发展与区域经济的发展。

在庞大的民间借贷体系中，初期的民间借贷主要是通过亲缘与地缘关系的方式来筹集资金。这种初期的筹资方式，筹集的资金十分有限，很难实现资金的规模性要求，往往是杯水车薪，始终造成企业经营上的维持现状。生存是民族地区中小企业的常态，发展更无从谈起，很难把企业做强做大，过早夭折或破产倒闭的现象比比皆是。同时，借贷的不易又很容易使企业发生道德风险，从事赌注式的高风险经营活动，更加快了企业的死亡。企业的这些行为，给民族地区的经济社会发展带来了极大隐患，民族间的矛盾又加剧了地区间的不稳定。后期出现一些互助性的贷款与担保机构，以及各种形式的小贷公司，尽管在资金规模上及业务操作规范上有了进步，但核心的问题依然是抵押、质押物的稀少，很难满足中小企业发展中的资金需求。民族地区中小企业，要么是很难得到所需资金的信贷支持（没有抵押物），要么是虽然得到了所需资金的贷款支持（担保公司担保），但资金成本很高，就是说企业在支付了贷款利息（往往上浮），还要支付一笔可观的担保费用。这造成民族地区中小企业在经营中的不平等性，在竞争中处于劣势。高成本的融资给企业经营带来了困难，一些企业为了生存与发展，往往会铤而走险，竭泽而渔，严重影响了当地经济的持续稳定发展，中小企业的“短命”与“难长大”成了民族地区中小企业的顽疾。有关调查显示，民族地区中小企业大多是资源类的企业，大都是以牺牲环境生态为特点的粗放式经营，工业附加值低，初期可能会有一定收益，但这类企业很难发展壮大，一旦资源与环境受限是难以为继的，这也是导致民族地区经济与发达地区经济差距的一个深层次的问题。

通过以上的分析，我们可以明确地得到如下的结论：民族地区中小企业的融资更难，融资方式有限，融资手段有限，融资空间有限，融资金额有限，融资成本奇高，融资风险巨大。民族地区中小企业融资难，难于上“青天”。融资难的问题必须有效解决，有必要进一步分析民族地区中小企业融资问题的原因。

第二节 民族地区中小企业融资难原因再探讨

中小企业融资难的问题最早于1931年由麦克米伦提出，被称为“麦克米伦缺陷”。至今，中小企业尤其是小微企业的融资问题仍然是世界性的难题。

一、信贷配给制：一个颇具说服力的理论解释

信贷配给是指在确定的贷款利率条件下，信贷市场上贷款的需求超过供给，商业银行通过非价格手段（价格指商业贷款利率），部分地满足贷款需求的一种市场行为。它包括两种情况：（1）在所有贷款申请人中，一部分人得到贷款，另一部分人被拒绝，被拒绝的人即使愿意支付更高的利息也不能得到贷款；（2）一个给定申请人的借款要求只能部分地被满足。在信贷市场上，由于信息不对称引起的逆向选择和道德风险行为，使得信贷配给可以作为一种长期均衡的现象存在。直观地讲，银行的期望收益取决于贷款利率和借款人还款的概率两个方面，因此，银行不仅关心贷款利率水平，而且关心贷款的违约风险。如果贷款违约风险独立于利率水平，在资金的需求大于供给时，通过提高利率，银行可以增加自己的收益，不会出现信贷配给问题，但是，当银行不能观察借款人的投资风险时，提高利率将使低风险的借款人退出市场（从而形成逆向选择行为），使得银行贷款的平均风险上升。那些愿意支付较高利息的借款人正是那些预期还款可能性低的借款人，结果利率的提高可能降低而不是增加银行的预期收益，银行宁愿选择在相对低的利率水平上拒绝一部分贷款要求，而不愿意在高利率水平上满足所有借款人的申请，于是信贷配给就出现了。

传统经济理论认为，只有市场上存在着价格管制等外部因素干扰，才会出现供求不相等的现象，而且这是一种暂时的、非均衡的状态，传统意义上具备

完全信息市场的均衡点是需求和供给曲线的交点。在信贷市场上，理性经济人会不断改变价格条件直至实现供求均衡，换言之，信贷市场上仅是利率机制在起作用，当贷款需求大于供给时，利率会上升，反之，则利率下降。市场供求相等时的利率是均衡利率，均衡利率是唯一的，它使市场出清，实现信贷资源的优化分配。然而，信贷市场上大量地和经常性地存在着信贷配给，以至于不能把它简单地看成是一种暂时现象。在后续研究中，经济学家们逐渐认识到，持久的信贷配给实际上是一种均衡现象，并称其为“配置性均衡”。

“配置性均衡”是金融市场的一种常态。其表现形式主要有两种：(1) 在所有贷款申请人中，一部分人得到贷款，另一部分人被拒绝，这种“数量配置”的存在，会使被拒绝的申请人即使愿意支付更高的利息也不能得到贷款。(2) 对于一个给定申请人的借款要求来说，其借贷需求虽能得到供给，但只能部分地被满足。这种“规模配置”的存在，在信息不对称条件下，会使一部分借贷需求者无法获得所需贷款，无论是数量配给还是规模配给，这种最终无法取得信贷资金的企业，必然首先是中小企业。

银行贷款利率具有正向效应和逆向效应。正向效应是指银行的收益随着利率的提高而增加，这是利率对银行收益的直接影响。逆向效应是指利率对银行收益的间接影响，即对潜在借款人的筛选。当利率上升到某一临界水平再继续提高时，有良好资信、从事低风险投资的企业的借款比例会下降，它们可能会选择其他途径进行融资。而资信度低、从事高风险投资的企业的借款比例会上升，低风险企业还款概率高，高风险企业还款概率低，所以，随着利率的不断上升，平均还款概率降低，银行预期收益下降。也就是说，利率越高，中小企业的平均质量越低，违约的概率越大。直观地讲，借款人享受成功的好处，但可以不承担失败的损失。给定中小企业的收益，较高的利率意味着成功时较低的利润，只有那些成功时收益较高的中小企业才会申请贷款，但是，给定期望收益，较高的成功收益意味着较低的成功概率（较大的风险）。高风险的中小企业驱赶走低风险的中小企业，较高的利率意味着较大的违约风险。这就是信贷市场上的逆向选择。

信贷合约与其他交易合约的最重要的区别就在于其面临着“道德风险”与“逆向选择”效应的制约。贷款合约的道德风险根源于借贷双方利益的不一致性，且贷款人无法对借款人进行充分的监督。这种情况将激励借款人进行高风险投资，因为即使投资失败，借款人也不必独自承担全部经营风险。同时贷款总规模越大，其拖欠风险也相应提高。银行总是存在着一个最大的贷款规模限制和最优利率水平。信贷合约中的道德风险及其逆向选择效应，其根源在于信贷市场信息的不完整和不充分，而这种信息不对称现象在中小企业与银行之间表现得更为明显。这就决定了一旦发生信贷配给，无论是规模性的还是数量性，中小企业都将处于不利地位。

以上分析说明，由于信息不对称导致发生拖欠的概率是贷款规模的增函数，无论需求方如何出价，金融机构都不会把贷款利率提高到某一最优水平之上，而是压缩一部分资金需求者的需求量。按照风险规避的规则，最先受到压缩的将是处于低收入水平的中小企业。

二、来自民族地区中小企业方面的原因

（一）民族地区中小企业信息不透明，信用程度较低

作为民族地区中小企业主要融资渠道的银行贷款，企业信用状况是根本的条件，信用状况被认为是影响中小企业融资效率的最根木的因素之一。与成熟的大企业相比，中小企业最突出的特点是企业信息不透明，信用较差。具体到民族地区的中小企业，主要表现为：（1）民族地区中小企业往往成立时间较短，经营范围相对有限，对市场的影响力较小，尚未建立起有效的声誉和信用，因对金融机构和投资者来讲，企业的信息了解还不充分，特别是初次贷款的企业，其资信状况就知之甚少，一般信息都不了解，更不用说对企业信用方面的专业信息了。而民族地区的中小企业又往往程度不同地存在信用违约的问题。（2）民族地区中小企业大多数是劳动密集型企业和资源初开发与粗加工企业，企业的技术含量低，甚至是一些产业转移的行业，技术和市场相对比较成熟。这种结构企业之间的竞争，主要取决于一些特定的商业模式、经销渠道和技巧、专有技术等，所谓的竞争优势所依托的资本和技术门槛较低，很容易被竞争对手复制或模仿，被竞争对手抢占商机或挤垮，从而失去市场地位。

(3) 民族地区中小企业相对于大企业，尤其是上市企业，缺乏信息披露的动机。中小企业多采用非正式合同，以现金交割，内部核算的可信度较低，提高信息的透明度需要花费额外的审计等费用。(4) 部分中小企业由于在经营过程中存在许多不规范之处，不愿也不敢提高经营透明度，企业财务管理水平一直处于原始的低下状况。甚至把信息不透明作为其保持竞争优势加以推崇或无限放大，殊不知正是因为信息不透明一方面导致了金融机构对中小企业缺乏足够的了解，另一方面也导致外部投资者对企业投资的犹豫，最终造成了中小企业融资难、融资贵。

（二）民族地区中小企业治理结构不完善，竞争力差

我国自改革开放以来，特别是20世纪90年代初，倡导并致力于建立现代企业制度。法人治理结构的现代企业制度，关系到企业的正常生产经营，建立良好的治理结构是企业适应市场竞争，吸引投资的重要手段，是企业长期稳定发展的制度基础。从社会公共角度来看，每一个企业是处在一个与社会各个环节息息相关的环境中，法人治理结构的建立，不仅有助于公司行为与法律法规及社会期望值相吻合、相一致，减少企业在资源配置中的浪费与无效（低效）行为，而且有助于企业通过提高投资者的信息来吸引更多的资本投资。从企业自身角度来看，公司法人治理结构是公司战略管理的重要组成部分，是企业发展成长的制度基础。改善公司治理，有助于减少公司经营中的代理成本，强化管理者的责任，提高管理效用，增强公司发展的后劲，从而吸引低成本的资本投资。良好的法人治理结构是一种企业固有的竞争优势。从投资者的角度看，良好的公司治理结构是企业融资、吸引各类股权基金资本而必需的，坚守良好的公司治理结构准则，能够增强投资者对公司投资的信心，降低融资成本，吸引更多更稳定的各项资金，同时，也能确保投资者的资金进出自由，确保资金的安全、流动与效益。

从根本上讲，现代公司的法人治理结构重点解决的是涉及公司成败的两大关键问题。一是如何保证投资人（股东）的回报，协调股东与企业的利益关系。所有权与经营权的分离，可以有效地解决内部人控制问题，投资者可以“用手投票”和“用脚投票”，以实现投资的收益，并有效实现公司控制权。

二是如何协调企业（公司）内各方利益的关系，更好地提高企业的管理水平。现阶段，我国上市企业和大企业的现代企业制度已经初步建成，但民族地区中小企业内部治理结构仍普遍较落后，管理水平低下且缺乏足够的技术含量，大部分属于家族企业，管理模式仍然是传统的家族式简单的管理模式，往往将法人资产和自然人资产进行混淆，在企业的经营中往往会出现法人资产的肆意使用，甚至将法人资产私自转移，损害其他投资者和债权人的利益。另外，一人独断式的家长作风常常会使一些决策失误成为致命性的，有些中小企业的企业家，通过竞争的洗礼，虽然意识到建立现代企业制度的重要性，并试图在自己企业引入了相应的模式，但完善的企业治理结构的建立的确不是件容易的事。要么是根本无法复制，无法仿照；要么是“邯郸学步”，只学样子，难学本质。民族地区中小企业大多是劳动密集型企业，科技含量较低，人才缺乏，管理者水平低下，竞争力弱，生存难度大，破产概率大。另外，我国虽对民族地区经济发展提供了较多便利和优惠，但受限于人才的缺失，融资技巧上的缺乏，也严重地影响民族地区中小企业的融资能力，民族地区的中小企业无法高效率、多元化、低成本地获取所需资金。

（三）民族地区中小企业抵押物普遍缺乏

由于规模较小，大多是家庭作坊式企业，固定资产少，普遍缺少抵押品。譬如，我们去实地调查的甘肃省临夏回族自治州的中小企业，多集中在传统的加工企业和商贸企业，土地房屋多为租赁的农民或市民的，很难作为抵押物，即便是很少部分的自有资产，又因政策上及操作方面的种种限制，很难成为贷款的抵押物。土地证办理困难，土地抵押评估费用高，企业的抵押物价值大打折扣。由于传统的加工贸易都是高耗能高污染型企业，企业在贷款的政策层面不能得到支持，进一步增大了获得贷款的难度。

抵押资产是银行贷款的第二还款来源，是银行谨慎经营的重要表现形式，是避免和减少银行信贷资金遭受损失的一种保障。中小企业融资普遍缺乏抵押物已是不争的事实，原本抵押物就少，找到融资渠道后为数不多的抵押物又要打折扣，最后能够作为抵押物来融资的更少，只能是杯水车薪，难解燃眉之急。中小企业能提供的土地、房屋等抵押物较少，寻求担保困难，大多不符合金融部门的要求，使得抵押贷款方式的主要贷款种类很难成为中小企业获取信贷资金主要方式。众所周知，在我国，房屋、土地等固定资产往往被视作最合适的抵押物，而中小企业的厂房、土地等往往是租借来的，能够作为固定资产来抵押的相对较少，并且同样的资产评估折扣率往往又高于大企业，而且评估等手续繁杂，部门间缺乏联动机制，收费较高，又加重了中小企业获取抵押贷款的负担，严重影响资金筹集效率。此外，由于民族地区产权市场的不健全，抵押物品很难变现往往成为银行不愿发放贷款的理由，一定程度上影响银行贷款的发放。

三、来自银行及金融体制方面的原因

（一）民族地区的银行依然存在着按所有制来评判与投放贷款的计划经济的痕迹

我国银行业的主体是国有商业银行，扶持国有经济的健康发展是国有商业银行的重要准则之一。在我国现行金融体制下，银行贷款在投向上表现出了对不同所有制企业给予不同待遇，存在较为明显的所有制歧视现象。国有商业银行首先保障国有大中型企业融资需求，甚至有些企业并不需要资金，银行也会主动为企业提供大量低成本的贷款。中小企业大多是民营企业，其贷款需求排在国有大中型企业和民营大型企业之后，即使是很优秀的中小企业，依然存在着贷款难、贷款成本高的问题。银行经营上的所有制歧视并没有起到合理配置资源的作用。

银行的信贷配给是信息不对称造成的中小企业融资难的又一个问题。在信贷配给制下，面对超额的资金需求，银行因无法或不愿提高利率，而采取一些非利率的贷款条件，这就使部分资金需求者退出银行借款市场，消除超额需求而达到平衡。而退出信贷市场的这部分资金需求者，恰恰是中小企业。就民族地区信贷市场而言，中小企业由于面临着双重信贷配给现象，资源配置效率普遍较低。一方面信贷资源配置更倾向于传统的国有大型企业，而忽略了数量更多、活力更强的中小企业；另一方面信贷资源配置的倾向使大量质地优良的企业被信贷市场所淘汰，其最终结果都将大大削弱信贷市场的资源配置效率。这种做法的结果就是民族地区商业银行贷款绝大多数都投向了国有企业，并集中于传统产业。随着我国经济发展方式的转型，传统行业整体经济效益持续滑坡，民族地区银行的信贷风险逐步加大，会导致民族地区国有商业银行不良信贷资产的迅速累加。而信贷风险的不断累加，增加了民族地区商业银行经营的风险，按照风险管理的要求，这些地区的银行机构往往在授信权限、规模上受到限制，雪上加霜，更有甚者，商业银行会从根本上采取措施，撤销机构，收缩网点，釜底抽薪，竭泽而渔。

（二）民族地区金融业发展的滞后和不平衡，严重限制银行作用的发挥

我国民族地区的主要融资渠道是银行贷款，不仅国有商业银行的信贷配给和所有者歧视制约着民族地区中小企业的融资发展，而且民族地区也缺乏与中小企业相匹配的地方中小金融机构。在我国沿海和东部发达地区，地方性金融机构为中小企业发展提供了良好的契机。而民族地区由于金融体制的落后，一个显著的特点，就是机构少且经营规模小，水平低，很难起到拾遗补缺的作用。仍以甘肃省临夏州回族自治州为例，当地城市商业银行、农村信用社只有区区几家。城市商业银行从基层网点不断退出、上收信贷管理权限，支行系统不能独立放贷，农村信用社不仅决策权集中于联社，而且资金实力十分有限。金融体制严重滞后的又一个特点是国有商业银行业务增长缓慢，经营权限有限。四大国有银行以盈利最大化作为企业经营目标，并且执行严格的信贷不良率考核制度，对中小企业存在一定的“规模歧视”。不仅如此，四大国有银行有严格的信贷管理体制，基层贷款权力有限，层层审批制度不能满足中小企业对资金的及时性需求。这也是造成民族地区的国有商业银行机构多为存差行及资金脱媒问题严重的原因。金融业落后的又一特点是民间资本发展“野蛮生长”，缺乏有效的引导与监督，放任与无序，不仅严重影响了民间资本的效用，而且造成了民间资本市场的混乱与高成本、高风险的运行。临夏州以信仰伊斯兰教的教民为主，在教义中有“不吃利息”的习俗，因此当地民间资本活跃，私下融资平台不断发展。由于不公开化缺乏具体引导办法，加大了对其

进行监督管理的难度。

信用担保体系的缺失又是民族地区金融发展落后的又一表现。我国信用担保体系的建设开始于20世纪90年代，也出现了不少有效的担保机构和担保机制，但至今我国仍没有形成有效的信用担保体系，也没有出台相关的法律。民族地区的情况就更为突出。不仅担保机构数量较少，资金来源单一，而且缺乏有效的运营机制和再担保机制，严重制约着民族地区中小企业的融资发展。

四、来自社会中介机构及政府方面的原因

（一）社会融资中介机构只发挥着十分有限的作用

中小企业存在的信息不对称、不透明，就其融资而言，单靠发生融资业务的双方来确定信息的准确及安全，是十分有限的，因为当事的双方都存在着“道德风险”和“逆向选择”，这就给“第三者”——社会中介机构的存在与发展提供了“舞台”与“空间”。完备的社会中介服务机构及其服务体系以及其高质量的服务水准，能为中小企业融资提供良好的服务帮助。

我国现有的会计师事务所、审计师事务所、律师事务所、资产评估机构，信用评估机构这些中介服务结构，在企业融资方面应该说是起着不可替代的作用，发展的势头是良好的。但这些中介机构大都是从计划经济体制下转型而来的，从“娘胎”里就带着先天不足的弱点，其他不谈，单就融资服务而言，它们更喜欢或习惯为大中型企业融资服务，对中小企业融资服务没兴趣或不习惯，即便服务也是以高额的收费为条件的，也就是说相对国有大中型企业来说，中小企业的融资服务收费要高。这些中介机构在其经营转型的过渡时期，一切以所谓的“效益为先”经营理念为前提，为了获得收益，甚至出现一些提供虚假信息或“额外服务”等失去中介服务特质的服务，很难做到客观、公平、公正、有效。结果会造成中小企业融资的恶性化（一次性化）、融资成本奇高、资产折扣率偏低，很难成为中小企业融资的良好中介。民族地区的情况可能更为严重，一是中介机构数量严重不足，服务水平十分有限；二是业务能力低，服务领域小，量低面窄，很难满足中小企业融资需求；三是不规范，

“违规”甚至“违法”行为屡禁不止，时有发生，严重制约了中介机构及其业务的发展，我们研究民族地区中小企业信用担保体系建设的问题也有这方面的原因。

正如前所述，中小企业的信息不透明、信息不对称是我国当前中小企业融资难的一个重要原因。中介机构作为企业和投资者以及银行等贷款机构的桥梁，本应该能够有效地解决好中小企业信息不对称、诚信度不高等问题，加强资金供给者和需求者的沟通，但中介机构的低效率进一步加剧了中小企业融资难的问题。因此，要解决中小企业的融资问题，完善和规范社会中介服务体系建设就显得十分必要。

（二）政府职能的“缺位”与“越位”

政府作为宏观经济调控的领导部门，对促进中小企业的发展起着至关重要的作用。近几年，中小企业融资难的问题已经上升到国家的层面，政府部门也在反复强调加大治理中小企业融资难问题的力度，政府在融资方面加大了财政支出补贴的力度，制定了扩大融资的相关法律法规，督促地方或全国性的金融机构对中小企业发展的支持力度，建立为中小企业服务的专门机构等。政府在解决中小企业融资方面也还是做了大量的工作，有些地方政府也作了全新的有益探索。但政府部门对民族地区中小企业的经济地位的认识和重视不够，支持力度十分有限。总的来说，在民族地区中小企业融资发展问题上，政府在财政支持、法律保护、金融扶持和社会配套服务等多方面都存在着明显的不足。甘肃省临夏回族自治州与甘南藏族自治州的情况就是一个很好的缩影。两州经济总量偏小，社会生产力不足，在甘肃省十二个市二个自治州中处于落后位置，在这种情形下，临夏州、甘南州在统一的可贴现政策指导下可贴现的商业票据数量少，从而造成贴现融资规模小。同时，再加上同一的存款准备金比率，当地金融机构可以支配的资金更为有限。临夏州、甘南州都缺乏支持中小企业发展的核心机构，支持中小企业的政策和资源分布在不同的管理部门，不利于政策、资源的统筹、协调；政府在引导服务机构、金融机构参与构建中小企业服务体系方面，又缺乏必要的资金、人力支持，阻碍了中小企业服务体系的建设与发展。

第三节 民族地区中小企业融资决策

由于中小企业资金问题突出，融资难的问题掩盖了企业在融资决策和安排上的风险。怎样吸引资金、解决资金需求瓶颈成了企业资金问题的一切。客观上讲，我国的企业，特别是中小企业，在资金安排上很少考虑融资的成本与风险，为了得到资金，无论什么方式、什么形式，只要能做到均可以实施，甚至出现一些不规范乃至违规违法的行为。说到底是企业经营中的短期化行为，因此有必要对融资中的成本与风险问题作进一步的解析。

一、民族地区中小企业融资的收益与风险

企业融资，由于自身先天性的因素，融资的自由度低，特别是民族地区中小企业融资的可选择性非常低。实际上，融资理论的假设条件往往达不到。在资金短缺的条件下，企业仅考虑是否能够融到资金，很少考虑融资给企业带来的潜在影响，比如，有时企业只考虑能否贷到款，而不考虑将来的偿债能力；有时为了能渡过当前运营资金需求的难关，不惜牺牲供应商或员工的利益；有时花很多成本去做融资的准备工作，走了许多弯路，甚至是“断头路”，而没考虑融资成功的可能性。因此，融资理论的假设条件可以达不到，但必须清醒地认识到融资问题的现实意义。

（一）实现融资的分散化和融资结构合理性

资本组合理论认为投资者进行投资时，通过投资组合的分散化，能够降低非系统风险。实际上，作为企业，进行必要的融资结构调整，使融资分散，也可降低融资给企业带来的风险与成本。在这里，民族地区中小企业融资的选择性小，并不意味着企业没有选择性。选择主要是在融资结构与融资期限两个方面进行，融资期限合理搭配，不仅可以有效解决企业资金需求的困难，更重要的是能有效防范企业陷入债务危机的泥潭，通过债务期限的有机组合，来安排

企业融资期限组合，可以在自由现金流保持一定的增长比例的情况下，避免企业的偿债危机。资金的来源上，也应该保持一定的结构，比如，外源性融资和内源性融资的比例关系以及它们各自内部的比例结构关系，债权融资与股权融资的比例关系，国内外融资比例关系等，关键是找到企业各结构关系的允许变化范围，寻求企业的融资弹性，即找出企业可获得的融资途径，每一种融资途径能获得的最大资金额，每种融资的最大期限。比如，本企业能否使用商业信用融资，融资允许的数额有多大，带来的成本有哪些，企业能否暂时性的使用职工工资，可使用的数额有多少，使用期限多长，使用带来的成本有哪些。做到融资结构的合理安排，将融资的风险处于可控范围之内。

（二）通盘考虑融资成本

融资会引起资本结构的变化，从而引起资本成本的变化和企业价值的变化，这是 MM 理论的核心思想。企业的成本包括财务成本和代理成本，这是均衡理论的实质内容，为企业经营者进行融资决策提供了很好的思路。现实中，民族地区中小企业融资主要精力放在了解决资金需求的瓶颈或经营规模的扩张上，其带来的收益企业往往算得很清楚。但融资带来的成本，企业往往只算直接成本，而一些隐性的或间接的成本，企业常常忽略了。也就是说只倾向于收益相关的正效应分析，而忽视了与成本相关负效应分析。比如财务拮据成本，很多企业忽略了，以为把当前的难关过了，企业就万事大吉了。这种融资状态下，企业要再融资当然十分困难。

（三）保持稳健的经营策略

资产定价模型认为，站在投资者的角度来看，系统风险无法消除，而非系统风险可以消除。这就提供一个启示，如果企业的经营业绩主要反映行业和整个市场风险，是可以吸引投资者的。如果一个企业保持稳定增长的态势，投资者肯定会感兴趣。但事实上，民族地区的很多中小企业没有认识这一点，往往因为关乎企业自己发展，而忽略了发展所带来的不稳定和风险，一时的“闯关”为日后的经营埋下了隐患，使企业面临更大的经营风险，出现大起大落、夭折甚至倒闭的可能性增大。因此企业融资管理应始终坚持能力匹配、结构合理、理性合作、策略灵活、规模适当、经营稳定的策略。

二、民族地区中小企业融资约束条件及可能性预测

在现实经济生活中，影响企业融资结构的因素很多。民族地区中小企业融资决策的形成不仅取决于该企业的治理结构、偏好和资金用途等内部因素，还受银行体系、资本市场等金融资源供给部门和经济法律等环境因素的影响。在这里引用的相关思想与观点，来分析中小企业融资约束条件，可能是一种可以探索的分析，也可能是一种理想的分析，但不论怎样对我们分析民族地区中小企业融资问题是有益的。面对具有特殊性的中小企业融资结构，企业金融成长周期（Financial Growth Cycle）从长期和动态的角度解释中小企业融资结构的变化规律。

20 世纪 70 年代，韦斯顿和布里格姆（Weston & Brigham，1970，1978）在其企业财务的教科书中根据企业不同成长阶段融资来源的变化提出了企业金融生命周期的假说。早期的企业金融生命周期被划分为三个阶段：初期、成熟期和衰退期。后来，周期被进一步扩展为六个阶段，各阶段及其融资来源的情况如表 3－1 所示。

表 3－1　企业金融生命周期与融资来源

阶段	融资来源	潜在问题
创立期	创业者自有资金	低资本化
成长阶段 Ⅰ	以上来源＋留存利润＋商业信贷、银行短期贷款及透支、租赁	存货过多，流动性危机
成长阶段 Ⅱ	以上来源＋来自金融机构的长期融资	金融缺口
成长阶段 Ⅲ	以上来源＋证券发行市场	控制权分散
成熟期	以上全部来源	保守的投资回报
衰退期	金融资源撤出：企业并购、股票回购、清盘等	下降的投资回报

资料来源：Weston & Brigham，1978。

早期的金融生命周期模型主要是根据企业的资本结构、销售额和利润等显性因素，分析企业在不同发展阶段的金融资源获得性问题，较少考虑企业信息等隐性特征的影响。在后期的研究中，信息问题作为解释企业融资来源变化的一个重要因素而被纳入解释变量。伯杰和尤德尔（Berger & Udell，1998）修

正后的企业金融成长周期理论认为，伴随着企业成长周期而发生的信息约束条件、企业规模和资金需求等变化，是影响企业融资结构变化的基本因素。在企业创立初期，由于资产规模小、缺乏业务记录和财务审计，企业信息基本上是封闭的，因而外源融资的获得性很低，企业不得不主要依赖内源融资；当企业进入成长阶段，追加扩张投资使企业的资金需求猛增，同时随着企业规模的扩大，可用于抵押的资产增加，并且有了初步的业务记录，信息透明度有所提高，于是企业开始较多地依赖金融中介的债务融资；在进入稳定增长的成熟期后，企业的业务记录和财务管理趋于完备，开始具备进入资本市场发行有价证券的资产规模和其他条件，同时金融中介机构的债务融资比重趋于下降，股权融资比重上升，中小企业逐渐发展为大企业。

金融成长周期理论表明，在企业成长的不同阶段，随着信息、资产规模等约束条件的变化，企业的融资结构将随之发生变化。基本变化规律是，越是处于早期成长阶段的企业，外源融资的约束越紧，融资渠道也越窄，反之则相反。企业经营发展的目的就是为了获得收益，追求企业价值最大化，因而企业在制定融资策略，选择融资方式时更多地关注通过融资所能实现的收益多少，融资价值的大小。融资价值、融资成本、融资风险三者之间存在着一定的联系。简单地说，融资价值是风险收益与融资成本之差，融资价值体现为通过融资所带来的实际收益；风险收益是指融资的杠杆收益；融资成本是获取资金所付出的代价。显然，风险收益越大，所带来的融资收益也就越大；融资成本越小，融资收益也越大。然而风险收益是把“双刃剑”，在获取高收益的同时也必然要承担高风险，风险收益降低，势必使得融资价值的整体水平下降。另外在获取高风险收益的同时，融资成本也随之提高，且有递增趋势，主要是因为风险越高，要获取充分的信息就需要更多的费用，从而导致代理成本上升，而且风险越高，发生企业破产的概率也就越大，财务亏空给企业带来的额外成本也相应地增加。获取尽可能多的收益，实现融资价值最大化是企业进行融资的根本目的，任何融资活动也都是围绕这一中心进行的。中小企业制定融资方案，进行融资的决策，常常会涉及企业制定的融资方案是否可行，企业能否获得所需要的资金，企业获得资金以后会不会影响企业的可持续性和竞争力，以及融资后企业的资本结构、成本和风险有没有变化，有多大的变化等问题。这些问题的提出，要求对企业的融资方案建立一套评价体系。这个评价体系，应能达到减少企业融资活动的盲目性，增强企业获得融资的信心，实现融资意图的目的。因此，可以建立企业融资成功可能性的函数，即：S =F （A，I）。这里 S 为企业融资成功可能性；F 为函数表达式；A 代表企业的能力；I 代表信息不对称性的控制程度，即信息对称性。根据这个函数关系式，企业融资的可获得性从企业的能力和信息对称性来考察，如图 3 –1 所示。

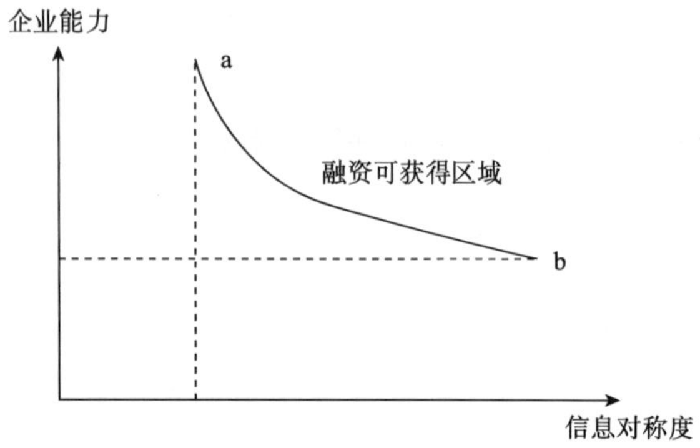

图 3 –1

从中可以看出：

1. 获得外部资金的可行区域在远离顶点的一大片区域，企业面临的融资环境不同，可获得区域与顶点的距离不同。融资环境不好，金融市场不完善，或者政府执行非宽松的货币政策就会使得可获得区域与顶点的距离越远。

2. 值得注意的是融资可获得区域是以一条凸向顶点的曲线为边界形成的区域。这条曲线说明，企业能力和信息对称度之间存在一种替代关系，即企业的能力越强，对信息对称度要求可以较低。这就是一部分经营业绩特别突出的企业容易获得资金的原因。

3. 融资可获得区域远离顶点则揭示企业融资成功必须具备这两方面的因素，并且缺一不可。如果企业这两方面都较强，则企业就可能获得资金。同时，两方面的因素都有一条临界线 a、b，称为融资不可获得线。两条线的存在说明，即使企业一个变量的值很高，但如果另一变量的取值低于其融资不可获得线，企业也不可能获得资金。

先来分析民族地区中小企业金融生命周期。我国民族地区中小企业大部分都处在企业成长阶段的“创立期”和“成长期的Ⅰ、Ⅱ阶段”，在“创立期”企业资金来源主要靠企业的自有资金。正如我们前面分析中所描述的，受历史、政策、环境等方面因素的影响，民族地区的经济发展落后，总量与增速都十分有限，自有资金十分有限，初创阶段就显得异常困难，低资本化的问题尤为突出。处在“成长Ⅰ期”的企业资金来源除了自有资金外，主要是企业自身的留存利润，再加上企业间的商业信用借款和银行的短期贷款来解决企业发展资金的需求，留存利润显然有限，商业借款成本偏高，银行短期贷款作用有限，很难满足企业的资金需求，企业为了生存不惜采用“透支”的高风险融资策略，流动性危机十分突出。“出师未捷身先死”，大部分企业死在了成长的路上。一部分企业虽然艰难的跨过了“成长Ⅰ期”，步入到“成长Ⅱ期”，“成长Ⅰ期”的问题并未能彻底解决。虽然有了来自金融机构的长期贷款，也正如我们前面分析的一样，受企业规模、结构、效益及民族地区金融机构实力及经营理念、效益等多方面的限制，资金的缺口依然很大，资金需求的顽疾并未根本解决，真正进入“成熟期”而壮大的中小企业少之又少，凤毛麟角，不少企业又倒在了“黎明前”，这就是民族地区中小企业的发展轨迹，更是融资路径的真实写照。

我们再来分析企业获得外部资金的两大约束条件。企业能力与信息不对称可控度影响着企业融资成功的可能性，民族地区的中小企业不论是企业能力还是信息对称度都远低于发达地区中小企业，甚至低于全国平均水平，图 3－1 中的 a－b 线表现为如下特点（如图 3－2 所示）：

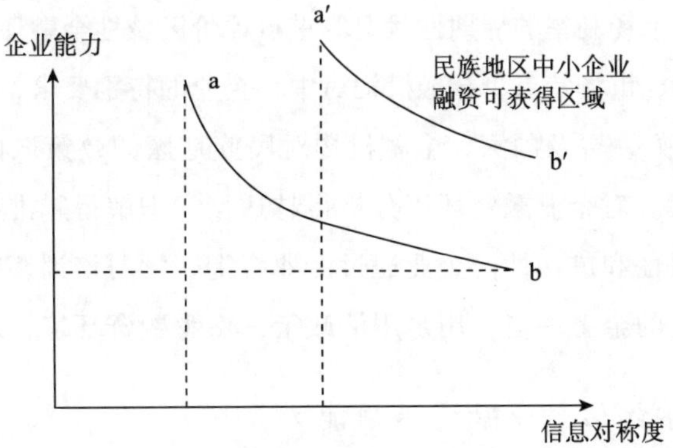

图 3－2

第一，a－b 线远离顶点，说明民族地区的金融环境较差，金融市场不完善，货币政策的实施效果不明显（有的地方出现过度干预或更多的非市场化表现）。

第二，a、b 两条线距离原点都较远，a－b 明显高于图 3－1 的水平，说明 a、b 这两条融资不可获得线在民族地区中小企业融资中表现出较高的条件，也就是说民族地区的中小企业融资难的问题十分突出，中小企业融资难，民族地区的中小企业融资更难。民族地区的中小企业不论是企业经营能力，还是信息对称程度水平都较低，两者之间，尽管也存在相互替代的关系，但在程度上是有差别的，即企业能力不强，对信息对称度要求又较高，即使经营好（相当于发达地区同类企业水准），民族地区中小企业在民族地区获得资金的难度依然不小。

第三，建立在 a、b 线上的民族地区中小企业，a、b 两个因素的变量值都很低，可能会出现两个变量的取值都低于其融资不可获得线，抑制了两个因素的替代作用的空间，造成了企业不可能获得资金，表现为 a－b 线弯曲度较小。

三、民族地区中小企业融资决策流程与操作

（一）综合评估企业所处融资环境

企业融资环境因素的综合评估是企业融资方式的选择、融资时机选择的重要参考条件。国家货币政策导向、货币及财政政策状态、融资的金融产品类别、金融市场状况、市场利率的周期性状况等重点评价区域性金融环境包括民族地区的金融机构状况、市场特点，金融机构对中小企业的特别要求，民族地区中小企业现状，融资偏好，以及国家、金融机构对民族地区的政策取向与倾斜程度等区域性金融政策。对企业融资环境分析得越透彻、理解得越准确，企业融资决策就更具有针对性和成功性。企业通过专业咨询、学习培训，财务顾问等方式来综合判断所处的金融环境，用足用活政策，熟悉融资环境，对症下药。

（二）科学评估企业融资信用能力

企业信用级别与采取的融资方式是紧密相关的，只有采取的融资方式与企

业信用级别相匹配、相适应，才能实现有效的、高效的融资，否则会走较多弯路，甚至反复修正融资方案，耽误企业的正常业务发展。企业信用能力一般包括经营实力，主要是指企业运营能力、盈利能力与偿债能力。经营理念主要是企业的市场化程度、法制观念、竞争观念、社会责任等。经营方式是专业化还是多元化，企业战略规划及风险防范能力。管理方式是建立在现代企业制度下的现代理念。还包括企业家行为。一般来讲，较高的信用能力是获得资金的前提，因此，民族地区的中小企业信用能力的提升，必须从加强企业信用的自身建设、营造企业经营的良好环境，规范信用评级工作三个方面进行。当前要特别重视信用体系建设，信用体系的建设，是对地区全方位的诊断与评判，有助于优化提升地区的综合信用环境，是银行等金融机构进行信贷等金融支持的依据和参考；是企业信用的“身份证”，是企业进行的经济交流能力与履约能力的有效证明，也是政府实施有效管理的决策依据与手段。

（三）精准测算企业融资需求

融资的需求是因为企业业务经营发展的需要，融资的需求不是盲目的、间歇性的，而是有计划、有针对性的持续过程。因此，企业需要有一个近期或中期的融资计划，不仅对企业发展所需要的资金总量、时间进度有一个详尽的规划，而且就企业融资的额度、期限、成本以及资金到账、归还方式等要素进行初步安排，还要分析融资对资本结构、企业价值、现金流量等的影响，进而掌握企业的财务经营状况。

（四）确定备选与首选方案

企业融资方式的选择是企业融资决策的难点，只有相对的比较优势方案，也就是说只有次优，没有最优。为确保融资结果不影响企业的正常经营所需，民族地区中小企业在制定融资决策时一般要有替代方案，即需确定几种备选方案，当市场出现不可预估的变化或意外时，可以启用备选方案，最终满足融资需求。这些方案的取得，可以是企业内部自行研讨拿出，也可通过借助中介咨询专业机构获得。

第四章

信用制度建设及信用担保

市场经济的高度发达形态就是信用经济。发展社会主义市场经济必须建立健全完善的信用制度。在信用供求关系上，增加供给与扩大需求同样重要，二者不可偏废，信用供给与信用需求是均衡地发展。信用是以产权为基础，以法律与道德约束为条件，资产、道德、法律构成信用的统一体。当前在我国经济生活中出现的信用问题主要有：信用需求不足，失信行为普遍，失信惩处不力，法律约束滞后，体系建设缺失，信用环境恶化等。这些问题的出现严重影响了信用制度的建设与信用经济的发展，严重制约了我国社会主义市场经济发展的速度。

第一节　信用及信用制度建设

一、“信用”概念辨析

信用是基于各种财产的当期或跨期交易，维护双方利益的制度规则。信用资源的使用者，为了取得某种资产的使用权而作出在未来某个特定时期履行某种等额价值资源义务的承诺。“信用”最早源于拉丁文“Credo”，原意是信托、信誉、相信的含义，后来由“credo”演化为英文“credit”。关于“信用”的含义，国内外有多种解释。如《朗文当代英语词典》（1989）对“信用”一词的释义达 8 种之多，但大多集中在“相信某事物的正当合理性”、“还债或处理货币事务中受信任的品质”、“购买商品或服务后一段时间内偿付的制度”等几层意义上。《大英百科全书》把 credit 解释为：“指一方（债权人或贷款人）供应货币、商品、服务或有价证券，而另一方（债务人或借款人）在承诺的将来时间偿还的交易行为。”我国《辞海》（1989）列出了“信用”的三种解释：“信任使用”；“遵守诺言，实践成约，从而取得别人对他的信任”；“价值运动的特殊形式”。而国内比较权威的经济学词典和教科书通常将信用定义为借贷活动，包括商业交易中的赊欠、债权、存款等，是指以偿还为条件的价值运动的特殊形式。如“商品买卖中的延期付款或货币的借贷”，在商品货币关系存在的条件下，“债权人以有条件让渡的形式赊销商品或贷出货币，债务人则按约定日期偿还货款或贷款，并支付利息”。有的学者则直接将信用定义为“信贷”，著名经济学家黄达先生就持此观点。综上所述，我们将“信用”的定义作两方面的解释。一是广义的信用，是指人们履行义务或责任的意愿和行为，涉及政治、社会、经济、文化和道德各个方面，它属于伦理道德价值判断的信用范畴。二是狭义的信用，是指经济交易活动中经济主体（主要是受信人）按期履约的意愿和行为，主要是指以偿还为条件的价值单方面转移，体现为不同所有者之间货币资金的借贷行为，如银行与企业、企业与企业之间的资金借贷等交易形式，它属于经济价值判断的信用范畴。在市场经济和社会活动中，虽然人们对信用的理解已远远超出了“借贷”的范畴，然而，作为解决中小企业融资难的信用工具——信用担保，其中的信用内涵也是以“借贷”活动为中心的经济范畴。

基于交易的“信用”商品一般包括三个要素，即信用交易主体、信用交易载体、信用交易规则。交易主体就是交易活动中参与者双方（即信用商品的供给者与需求者），在交易活动中，转移信用的一方交易者为“授信者”，而接受信用交易转移的一方为“受信者”，前者拥有“权力”，后者承受“义务”。而信用交易载体则是指交易行为中的“价值准则”，或是具有契约性质的各种“信用工具”。信用交易规则，是指交易双方在履行特定行为的一系列交易制度，这是交易双方平等的基础，也是信用得以存在的要素。

很显然，信用商品的划分就有了极其重要的意义。按信用主体划分，有国家信用、银行信用、商业信用、个人信用等。从信用对象划分，有生产信用、流通信用、消费信用等。还可从时间上分为长期信用、中期信用、短期信用。可见信用的内涵十分丰富，不仅包括信用观念契约思想，也包括信用商品交易的规则与制度。当然最核心的内容仍然是信用工具。

二、信用制度建设

（一）信用制度

“信用工具”、“信用规则”、“信用观念”共同构成了信用制度。缺少了任意内容，信用都会受到影响，结果可能是交易难以发生，即便是发生也存在隐患。也可能是信用秩序混乱，即便是有秩序也是很难体现信用本质的非正常秩序。

信用制度通过法律约束与非法律约束两个安排来实现。前者主要表现为对交易双方的行为进行约束，维护信用要求的各种规则。后者主要是指习惯（习俗）、意识、价值、隐性规则等，是交易双方自觉地、无意识地遵守，是信用制度不可或缺的部分。可见，信用制度建设不仅包括信用法规的建立、管理、监督，也包括信用法规的执行、运营、教育与研究。信用制度建设必须明确做到完整、有效、均衡、健康。

（二）信用制度建设的国际借鉴

1. 美国模式

美国在信用体系建设上，鼓励发挥市场的积极作用，主要体现在对企业、金融机构以及 主权国家的信用评估上。“穆迪投资服务公司”、“标准普尔服务公司”和“惠誉国际”是世界知名的三大评估机构。在美国模式下，市场能够保证信用商品的有效供给与有效需求，是信用建设的最基础力量。政府与市场在社会信用制度建设中的作用都比较明显。政府的作用主要是体现在对信用体系建设的制度保证上，制定大量与企业、个人信用等相关的法律法规，成立专门的服务机构。早在 100 多年前，美国就有了专门为银行与商业企业提供专门信用服务的机构——“信用局”，为企业、个人和公共部门等提供个人与企业的信用报告与信用资料，以及信用资料的变更与变化情况，以达到约束与惩处的目的。市场的作用主要体现为“信用工具”（产品）的创造和“信用规则”的市场化行为，以及运用信用工具而形成的信用观念。

2. 欧洲模式

欧洲模式下，信用建设的主体是政府。政府不仅通过法律法规的制定来保证整个社会信用体系，而且通过直接设置专门的部门和机构，深度参与整个信用体系的建设。信用评级机构、信用征集工作都是在政府主导下设立的，具有浓厚的“政府”色彩。这些信用建设机构的工作目标与政府的相关政策目标高度契合，都不以营利为目的。从欧洲金融体系发展来看，中央银行始终处于非常重要的地位。尽管在信用建设方面政府起了不可替代的重要作用，但这丝毫不能（没有）否认市场在信用建设方面的作用与意义。

无论是美国模式，还是欧洲模式，都与国家现行的金融制度与金融体系高度相关。在信用制度建设方面，国家都起着或大或小的作用，市场化的程度因体制的不同而不同，这些国家的信用制度建设方面的经验值得借鉴。

（三）中国信用制度建设

我国信用制度的建立同样是发挥市场和政府两方面的作用。针对目前存在的信用立法滞后、征信不发达、中介机构缺乏、信用体系不完善、信用观念落后的状况，基本思路是“政府推动、市场化运作”。

改革开放30多年来，我国在信用制度建设方面也在不断地探索之中。其中，北京采取“政府与高新企业共铸信用之剑”，上海“以良好的商业信用传统构建亚洲金融中心”，广东采取“地区信用的救赎与个人信用的觉醒”，甘肃采取“政府主导的中小企业信用建设”等各方面都极具特点，不乏亮点。各地在试点办法的基础上，根据自身特点，都作了有益的探索。不同地区的经济特点与发展目标对其信用制度建设的模式与路径起着不同的决定性作用。一般来讲，基础薄弱、商品信用滞后、市场经济欠发达的地区，政府介入的程度相对较高。如甘肃与上海就有明显的差异。因此在信用制度建设方面，既要关注个人信用和企业信用征集，也要关注区域、行业的信用征集等。

在我国信用制度建设上，“政府推动、市场化运作”的基本思路是可行的，也是可操作的。“市场化运作”就是信用产品的创新、市场化交易规则以及“征信”、“评级”和“咨询”等信用服务工作及其机构由市场提供，政府不干预更不经营。“政府推动”就是强制与协调征信数据的建立于开放，推动信用立法，培育信用管理行业竞争机制，指导并监督市场化运作，提供良好的信用市场环境。

第二节　担保及信用担保

一、担保及其种类

（一）担保的含义

担保既是信用范畴，又是历史范畴，同时还是一个法律范畴，它是商品货币经济发展的必然产物，随商品货币经济的产生而产生，随商品货币经济的发展而发展。具体地说，担保是指在经济金融活动中，债权人为了降低违约风险，减少资金损失，由债务人或第三人提供履约保证或承担责任的行为。债权人与债务人及其他第三人签订担保协议后，当债务人由于各种原因而违反合同时，债权人可以通过执行担保来确保债权的安全性。担保业务活动的领域十分广泛。从范围上看，担保涉及金融（融资）、商品交易、信用交易、税务等行业；从担保品种看，担保包括贷款担保、租赁担保、工程担保、来料加工或补偿贸易担保、票据担保等。其中，贷款担保是各国（地区）商业银行补偿和转移贷款风险的重要途径。贷款担保是指商业银行或金融机构为提高贷款偿还的可能性，降低资金损失的风险，由借款人或第三人对贷款本息的偿还提供安全保障的行为。银行与借款人及其他第三人签订担保协议后，当借款人财务状况恶化、违反借款合同或者不能偿还贷款本息时，可以通过执行担保来收回贷款本息。显然，担保为银行提供了一个可以影响或控制的潜在还款来源，从而增加了贷款最终偿还的可靠程度。

担保在资金融通过程中的重要意义在于对借款人和担保人具有督促作用。当借款合同依法成立，合同规定的借贷双方的权利与义务就具有法律效力，在借款人不能如期偿还贷款时，银行可以通过处理抵押物、质押物或向保证人行使追索权，来补偿资金损失。这有利于促使借款人积极主动地履约还款，这也是银行有效防范信用风险的重要措施。

（二）担保的种类

1. 贷款担保

贷款担保是借款人要求提供的第三方保证，主要发生在企业法人、自然人与金融机构之间。担保人保证在借款人没有按借款合同的规定还本付息时，担保人负责支付借款人应付而未付的本息。担保在借款人收到所借款时生效，偿还本息后失效。借款担保主要是为了分散贷款的风险，起到保证信用贷款安全的作用。

2. 租赁担保

租赁担保是指承租人采用租赁方式取得设备时，委托第三者向出租人保证，当承租人未按租赁合同规定的期限给付租金时，由担保人代为给付。

3. 工程保证担保

工程保证担保是指在建设工程承发包过程中按照经济责任在不同阶段投标人提供的担保，主要包括：一是投标保证担保，是担保人应投标人请求对招标人的保证。如投标人未能履行投标的义务，担保人保证支付给受益人一定金额，招标人以此来达到约束投标人在中标后签约的目的。二是预付款保证担保，是保证将预付款全部用于对合同的履行，否则由保证人代为赔偿，此种保函的担保金额随预付款中实际支付的金额的减少而递减。三是履约担保，即保证人根据承包商的要求，给以工程业主为受益人的一项保证，保证中标人（即委托人）及时履行其和受益人所订合同的责任义务。四是保留担保，即对工程合约中规定的保留价款承保，以保证卖方及时收到每期的应收款项。

4. 来料加工或补偿贸易担保

来料加工担保是指保证人应进料或进件方的要求向供应方提供的保证，保证进料或进件方按合同规定将加工装配的成品交付供应方或其指定的第三者。如果进料或进件方不能履约而又不能偿付价款及规定应付的利息，保证人则按保证金额加规定的利息赔付。补偿贸易担保是指保证人应引进方的要求，给予设备的供应方以保证，保证引进方及时收到与合同条款相符的设备后，以生产的产品按合同规定的数量和时间交付供应方或其指定的第三者，以偿付设备价款。

5. 票据担保

票据担保，是指票据债务人以外的第三人以担保票据债务为内容的票据附属行为。在票据担保关系中，担保人是进行保证行为的当事人；被担保人是票据关系中的债务人，他可以是出票人、背书人、承兑人；担保关系中的债权人是被担保人的后手，被担保人如果是承兑人，则持票人是保证关系中的债权人。票据上的价值，应当与债务额（包括本息）相当。

6. 反担保

反担保是指依照当事人的约定，如果债务人不履行或不全部履行债务时，保证人可以不经过诉讼或仲裁程序，直接从债务人事先提供的某种措施获得履行或经济上的补偿。反担保一般采用三种方式。一是保证金。在委托保证合同生效后交给保证人，用于债务人的借款债务的支付，当债务人不履行合同时，保证人无须征得债务人同意，即可直接将保证金划拨给债权人。二是抵押反担保。债务人以其合法的财产向保证人提供抵押反担保，它是一种物权担保。当债务人不履行债务时，保证人享有从抵押财产价值中优先受偿的权利。三是信用反担保。债务人向担保人提供第三人作为保证人，在债务人不履行债务时，按照信用反担保合同的约定，由该保证人履行债务或者承担连带责任。

7. 其他担保种类

除了以上担保类型外，常见的还有发行债券担保、买卖合同担保、诉前保全担保、“过桥”债务担保、用工担保、工资担保等。基于研究的范围，不再一一说明。

二、信用担保的功能与原则

(一) 信用担保

一般而言，信用担保是指企业在向银行融通资金的过程中，按照合同约定，由依法设立的担保机构以保证的方式为债务方提供担保，当债务人不能履约时，担保机构要履行合同约定的偿还责任，从而保障银行债权实现的一种融资方式。信用担保属于第三方担保，可以促进资金融通及生产要素的流动，有效保证债权的实现。但信用担保在学术界却存在着很大的争议，观点也不尽相同。笔者撷取几种观点供思考研究。

一种观点认为，从法律含义上，信用担保是指保证人和债务人约定，当债务人不能履行债务时，保证人按照约定履行债务或承担责任。其中，保证人是指具有代为清偿债务的企业法人、其他经济组织或者公民个人。可见作为保证人，既可以是专业性保证（担保）机构，也可以是非专业性的企业公司或其他经济组织；既可以是固定的，也可以是一次性的。这种观点实际上认为信用担保即是《中华人民共和国担保法》中的担保方式之一——保证方式，二者可以互换使用。同时，提供担保服务的既可以是专业性担保机构，也可以是非专业性的其他形态组织；既可以是固定的，也可以是一次性的。梅强、谭中明就持有此种观点（见 2002 年《我国中小企业信用担保体系的构建》）。

一种观点认为，信用担保，也称信用保证，是指专门机构面向社会提供的制度化的保证。主要包含三个要点：(1) 信用担保是由专门机构提供的担保，而不是一般法人、自然人提供的担保；(2) 这种担保是制度化的担保，即它是在一定的政策、法律、制度、规则框架安排体系之中的，是标准化、规范化的业务；(3) 是面向社会提供的担保而不是对内部关联机构或雇员提供的担保。这种界定强调：一是信用担保是由专门机构提供的，标准化、规范化的服务；二是担保机构提供的是社会化的服务，主要面向社会上的各类经济组织和个人。(见刘新来 2006 年《我国信用担保业的发展态势与展望》)

一种观点认为，信用担保是由信用担保机构与债权人约定以保证的方式为债权人提供的担保。当被担保人不能按合同约定履行债务时，由担保人进行代偿，承担债务人的责任或履行债务，这是一种信誉证明和资产责任结合在一起的金融中介行为。这种观点与第二种观点类似，都强调信用担保是由专门机构对被担保人提供的服务，但对被担保人的属性没有给出明确的界定。（见陈乃醒 2004 年《中小企业信用担保》）

不同观点争论的焦点就在于担保机构的性质上，也就是说什么样的机构才能够成为信用担保机构的主体。显然第一种观点的范围要狭窄些，后两种观点相对宽泛。表面上看来是机构问题，实际上却涉及担保业务的发展与影响。我们认为，信用担保机构是由专门（信用担保）机构在一定法律和制度框架内，面向社会提供的规范化、标准化的服务。这种界定也比较符合我国的实际，更符合笔者研究中小企业信用担保的内容。中小企业信用担保除具有担保的一般属性之外还具有其特殊的属性。首先，信用担保具有优化金融资源配置的属性。金融交易的过程是金融资源配置的过程，好的金融制度应当有利于金融资源的优化配置，金融制度的配置功能往往是金融制度总体功能的集中体现，直接反映着金融制度的效率状况。非专业担保是分散的，没有统一的目标，往往是为满足与担保人有特定关系的债务人的个案需要；而专业担保可以通过专业化的信息搜集与处理手段，找到“最有希望的人”作为担保对象，通过提供信用担保的方式建立信用链条，使金融交易的渠道通畅，提供集中的、系统的担保，从而引导资金和其他经济资源的优化配置。因此，许多国家的政府往往利用专业担保来贯彻特定经济政策。其次，专业担保具有经济杠杆的属性。这种属性直接由信用担保的放大功能来体现。放大功能的强弱由放大倍数的大小决定，放大倍数是指担保机构所提供的担保额与其承担担保风险的担保资金或资产的比例，一般地说，担保放大倍数越高，其对社会的贡献越大。同时，担保放大倍数越高，担保机构所要承担的风险就越大，需要担保机构具备更高的风险控制和风险管理能力，可见放大倍数并不是越大越好。在担保机构社会贡献率、风险承受能力、债权人和债务人认可度之间存在一个平衡点，过高或过低地确定担保放大倍数，都会不利于担保机构的可持续发展。中小企业的信用担保更能体现担保的杠杆属性。

（二）信用担保的功能

信用担保是金融运动过程中的内在需求，其功能主要体现在以下几个方面。

一是优化资源配置。众所周知，金融运动过程是资源配置过程。合理的金融制度与政策是优化金融资源配置的前提与条件。金融制度的配置功能是通过资金的效率实现的，担保机构在向其担保的对象提供信用担保的过程就是引导金融资源配置的过程。担保机构通过专业化的运作，容易并准确确定担保对象，即“最有希望的企业与自然人”，通过提供信用担保方式，建立信用链条，为金融产品交易提供便利，起到提高效率、优化资源配置的作用。

二是降低交易费用。专业化是信用担保机构的本质属性，信用担保的目的就是促进不同经济主体之间的金融交易行为。专业化的担保机构通过专业化的人才队伍，采取专业化的技术处理信息，开展专业化的研究开发，从而有效地降低金融交易的费用，节约成本，提高效率。

三是促进经济与社会的稳定。在金融运作的过程中，信用担保具有双重功能。信用担保可以降低与减少金融交易的风险与不确定性，但如果处理不当，有可能加剧金融风险的发酵，放大风险，扩大风险的破坏性。因此，信用担保机构在运行过程中，必须有效克服与抑制担保机构本身可能存在的对金融交易造成的风险与不确定性。在金融交易过程中，信用担保机构扮演者风险承担者的角色，在减少和化解风险的同时，也增加了金融交易双方机会主义行为的可能性。另外，还必须防范担保机构自身的道德风险。

从信用担保的功能分析凸显了其作用。信用担保机构有利于全社会信用体系的建立，有利于信息资源的共享，有利于促进信用评价机构的发展和评价水平的提高，也有利于担保机构的业务拓展。为了进一步把握和理解信用担保机构的本质与功能，有必要对信用担保的功能从理论角度加以分析。

（三）信用担保的理论分析

1. 金融交易与信用担保

金融交易的本质在于保证金融资产的流动性，在金融资产的流动过程中，不但交易过程本身应当是有效率的，而且交易制度还应具有使金融资产流向效率更高、增值能力更强的经济部门中去的功能。如果把金融交易看作是人类交易行为的一种特殊形式，从交易的经济学意义角度进行研究就可以发现，金融交易顺利和有效地进行，需要一套相应的规则、惯例和组织安排的金融制度来规范和保障。随着经济环境的变化，制度安排也应进行相应的调整和改善。信用担保正是这一金融制度体系的功能之体现，专业的担保机构作为相应的组织安排而存在。在这一制度框架中，它们是否具有存在的价值并且能够在多大程度上发挥作用，要视社会经济发展和金融交易过程对信用担保和担保机构这一制度安排的需求程度以及这一制度可能带来的弊端而定，现实中的有效均衡会由两者的有效折中来决定。

信用是整个金融交易活动的基础，也是金融制度维护和保障的核心内容之一。金融制度必须具有维护、强化和拓展社会信用体系的功能来保证金融交易的顺利进行，从而实现金融交易在资源配置和经济发展中的作用。信用之所以必须通过相应的制度安排来维护，原因是信用本质上是一种信任关系，因而容易受到由于信息不对称带来机会主义行为的影响。在现实生活中，金融交易的双方具有不对称信息，这很可能造成交易前逆向选择和交易后道德风险问题的发生。金融交易双方在风险信息、履约信息和决策信息等方面的不对称状况，为金融交易过程中因交易主体的机会主义行为产生内生交易费用创造了可能性，内生交易费用的存在增大了交易的成本，阻碍了金融交易的顺利进行。放款者为了防范风险而采取谨慎的态度，使许多本应得到资本支持的项目无法运作，不利于资源的优化配置与经济发展。特别是当资金需求者规模较小、拥有资本少或者处于运作初期时，资金供给者对它的信任度就小。没有信用，金融交易很难达成，特定的金融市场也就不会形成，现实经济生活中的中小企业往往就面临着这样的融资困境。

以上理论告诉我们，通过建立中介机构行使信用担保的职能，可能是解决金融交易中信用不足而产生的金融阻塞问题的有效途径，特别是对于众多难以通过资本市场等途径获得金融支持的中小企业来讲更是如此。中小企业由于规模有限，难以提供充足的抵押品，也不可能有足够的资产净值，除了极少数高科技企业外，大量中小企业也都与资本市场的直接融资难以“对话”。信用担保是由信用担保机构与债权人约定以保证的方式为债权人提供担保的。当被担保人不能按合同约定履行债务时，由担保人进行代偿，承担债务人的责任或履行债务，这是一种信誉证明和资产责任结合在一起的金融中介行为。可以看到，信用担保实质上发挥了类似于抵押物的作用，在资金需求者抵押物品不足、缺乏信用记录的情况下，通过第三方的介入，提供信用补充和增强，减少交易风险，弥补信用不足可能造成的金融堵塞。信用担保的信用增强功能，不仅能够提升债务人的资信质量，起到风险隔离和屏蔽的防火墙作用，而且在信息披露等方面，也能更好地满足债权人和债务人的要求。信用担保作为一种金融中介延长了金融交易中的信用链条，是社会评价和传递信用的金融制度中的重要组成部分，亦是降低金融市场交易成本、促成有效的市场交易完成的重要金融工具之一。

2. 风险转嫁理论与信用担保

在经济活动中，经济主体经常受到各种不确定性因素的影响，常常面临各种风险和损失。风险产品的客观性就要求有“风险转嫁”的路径和通道。风险转嫁是指某个经济主体为了防范风险，减少损失，而有意识地将损失或与损失相关的各种后果转嫁给其他经济主体承担的方式。风险转嫁理论源于风险存在的客观性，属于风险管理理论的一部分，它主要是关于经济主体在存在风险的情况下，通过一定的方式将风险合理转嫁出去的理论。必须明确在市场经济的条件下，任何交易行为都程度不同地存在着风险，风险转嫁是一种必然的市场经营行为，对此，不能有任何的责难与非议，不存在道德与不道德问题，更不存在我们古语谓之的“已所不欲，勿施于人”。

转嫁风险可以通过以下途径来实现：一是将担有风险的财产或活动转移给他人；二是将风险及损失的有关财务后果转嫁出去。转嫁风险分为控制型转嫁、财务型转嫁和保险三种形式。

保险是一种将保险标的所遭受的损失后果转移给保险人承担的风险财务工具，它主要作为一种转移、分散、补偿损失的手段。保险已成为现代经济活动中不可缺少的部分，并被逐渐地用于银行信贷风险管理之中，信用担保机构亦要求反担保的抵押物提供保险。控制型转嫁作为一种转嫁风险的方式，其所转移的是损失的法律责任，即通过合同或契约消除或减少转让人对受让人的损失责任和对第三者的损失责任。财务型转嫁是转让损失的财务负担，即转让人通过合同或契约寻求外来资金补偿其确实存在的损失。控制型转嫁将财产或活动连同损失责任都转让给受让人，而财务型转嫁则只转让损失，不转移财产或经济活动本身。可见，财务型转嫁风险是通过抵押、质押和保证的形式实现的。保证方式仍是建立在信用基础上的行为，是将风险损失所引起的赔偿责任，通过合同条款，从合同的一方转移给另一方。因风险转让人的债权获得了债务人和保证人的双重信用保证，从而增加了债权受偿的机会。

从风险转嫁理论和信用担保实践看，银行作为借款企业的债权人，通过与信用担保机构签订保证合同，将其承担的债务人可能无法偿还借款的损失风险的财务后果转嫁给了信用担保机构。转嫁的基础是信用担保机构的信用，即信用担保机构在借款人无法偿还到期债务时承担赔偿责任。因此，银行的损失风险通过向信用担保机构的风险转嫁而减少到最低限度。

信用担保机构的风险转嫁工具是设立反担保，签订反担保合同，设立抵押或质押物权。当信用担保机构代为赔偿后，银行债权转化为信用担保机构的追偿权，信用担保机构可以通过处置抵押物或质押物获得债权范围内的经济补偿。但中小企业较少具备有效财产可以设立抵押和质押，因此对信用担保机构来说，损失风险控制和减低的程度是有限的。

3. 信息不对称理论与信用担保

根据古典经济学理论，在对称信息、完全竞争、生产要素自由流动的完善市场条件下，信贷市场的价格杠杆——利率会调节信贷资金的供给和需求，使得竞争性的信贷市场产生均衡，同时信贷市场均衡使得信贷资源达到帕累托最优状态，从而金融资源配置有帕累托效率。但是，这种完美的假设在现实世界是很难实现的，即使存在也只是特例，现实中的普遍现象是不对称信息的无处不在。信息不对称是指交易双方的一方拥有相关的信息，而另一方却没有这些信息，或一方比另一方拥有的相关信息更多，从而对信息劣势者的决策造成不利影响。在企业融资的过程中，资本供求双方的信息配置更多的是处于一种非对称状态。在金融市场上，借款者一般比贷款者更清楚投资项目成功的概率和偿还的条件。由于信息的不对称，企业融资过程中就存在着各种各样的风险，表现为风险信息的非对称、双方努力履约程度信息的非对称以及决策信息的非对称，从而发生逆向选择和道德风险，导致资源配置扭曲、金融交易渠道的阻塞和金融市场的低效率。理论分析表明，通过建立中介机构，行使信用担保的职能，可以完善市场信号机制，修正市场的信息不对称状态，解决企业融资过程中银行和企业间信息不对称问题。信用担保是连接企业和银行的信用桥梁。在信用担保中，银行对借款企业能否履约缺乏足够的信息，但它对信用担保机构的履约能力是放心的。而信用担保机构之所以敢于对借款企业履约给予担保，是基于它对借款企业的履约能力的了解。银行与信用担保机构之间信息是对称的，而信用担保机构与借款企业之间也是信息对称的，于是信用担保机构成为交易双方的一种信用桥梁，使市场交易得以顺利进行。

（四）信用担保的原则

1. 区别对待原则

信用担保机构层次不同、类型不同，担保的对象和内容都存在较大的差异，在资本实力、商业信誉、风险控制和经营业绩等方面也都不尽相同。不是每一家担保机构都可以参与保全过程，要对担保机构参与全保的条件加以限定，分层次、分范围、分种类、有差别地管理与运作。

2. 审慎、适度原则

信用担保与实物资产抵押担保不同，具有风险大，可控性差，难以把握的特点。因此，信用担保还不宜普遍化，尤其是对保全担保，在推进信用担保建设工作中要审慎、适度。

3. 核准备案原则

信用担保机构在开展司法担保业务时，应当经各地高院审核同意。

第五章

中小企业信用担保体系的建立

我国中小企业数量占企业总数的99%以上，分布在各行各业，为经济发展作出了重要贡献。但中小企业一直面临着规模小、科技含量低、管理差、人才匮乏和融资难等问题，影响中小企业的发展。其中，中小企业融资难的问题最为突出。中小企业的融资主要是靠内源性融资，但自有资金不足难以支撑中小企业的资金需求。在外源性融资方面，直接融资的硬性指标及缺乏优势的招商引资、不规范的民间借贷，都使得以银行贷款形式的外源性融资显得更为突出和重要。要缓解中小企业融资难问题，关键是要建立获得间接融资的相关机制，促进中小企业获得银行贷款。而建立信用担保体系，完善信用担保机制，就是得以解决银行贷款的形式进行间接融资的有效措施。从世界范围来看，建立信用担保体系是一项切实可行且有效缓解中小企业融资难的措施。包括日本、美国和德国在内的世界上大多数国家都已经建立起信用担保体系，为中小企业提供信用担保，有效解决了中小企业间接融资的难题。因此，全国性的信用担保机构的建立，会有效缓解我国中小企业融资难问题，对经济发展发挥重要作用。

第一节　信用担保在中小企业融资中的作用

一、提高信用等级

信用担保机构的基本功能就有信用增强。中小企业担保机构正是对中小企业开展信用增级服务的金融中介机构。中小企业与大中型特别是跨国企业相比，企业的总体信誉度较低，主要表现为会计信息失准、失真，信用资源匮乏，信用程度不高，市场竞争力不强。现实中，中小企业规模小，拥有的技术设备等固定资产、土地、房产等不动产抵押品少，申请贷款融资时常因缺乏抵押品，不能达到银行的信用资质而得不到银行的贷款。担保机构的出现缓解了商业银行对中小企业的低信用评级，一定程度上提高了中小企业的信用评级。从某种程度上讲，担保机构由于其经营的是“信用”产品，银行对其的信用等级评价一般高于中小企业（贷款人)。换句话讲，将企业信用上升为金融信用，提高了信用等级，若担保机构为国家政府相关部门，其信用等级会更高，信誉度也就高了。中小企业信用担保机构能够提升中小企业的信用等级，是中小企业通过信用担保而获得的信用高于中小企业固有的信用等级，能得到金融机构的信任。中小企业信用担保机构被金融机构认可的资本和信用，被用来补充中小企业信用的不足，这是一个信任转移的过程，即把商业银行等金融机构对担保机构的信任转变为商业银行对中小企业的信任，中小企业的信用等级算是从担保机构那里提升而来的。正是这个信用转移过程解决了中小企业因信用等级不高而融资难的问题。

二、分散经营风险

经营资本商品的商业银行作为市场理性经济体，追求利润最大化是其首要目标。由于信息不对称而存在道德风险和逆向选择的问题，商业银行从自身资产安全性角度来说，不得不采取信贷配给。在信用担保过程中，作为第三方的中小企业信用担保机构以保证人的身份加入到银企间的资金借贷中，企业不能按期偿还本息时，中小企业信用担保机构需要分担风险，通过中小企业信用担保机构的代偿保证，商业银行获得资金清偿的保证，进而使得商业银行放心地放贷给中小企业。信用担保机构和其他金融中介机构相比其明显的特点就是信用关系的“转移”和信用等级的提升，在使“金融机构—中小企业”之间信贷关系转变成“金融机构—信用担保机构—中小企业”之间的融资保证关系时，其作用的机理并不在于交易费用和信息成本的节约，而是风险的分散。也就是说，考虑到较高的风险弱化了价格机制对金融资源的配置，商业银行不得不信贷配给，如果担保机构愿意承担一部分风险，使商业银行的贷款风险落在其可承受的范围之内，将使供给曲线外移并和需求曲线相交，就能达到使更多的中小企业进入到金融机构贷款序列的目的。信贷配给将风险较高的中小企业排挤出信贷市场，对金融机构来说可能是出于理性行为，形成从自身收益最大化角度出发的局部均衡。这是因为，信用担保是为了化解交易双方的不对称信息而产生的信用中介活动，在保证担保中，债权人对债务人能够履约缺乏充分的信息，而他对保证人的履约能力却是较为了解的。保证人作为一个信用产品的专营者，使得他能够对债务人履约能力较为了解。当然这绝不能理解为履约风险的消除，对商业银行来说，其贷款仍然存在着担保风险，不过其“风险”会在其经营过程中通过担保费用等办法加以解决。这种情况，可以视为担保人与债务人的信息相对债权人与债务人是对称的。作为“信用”产品经营者的担保人起着一个“中介”、“桥梁”的作用，使得市场交易得以顺畅进行。作为债权人，在不对称问题得到解决后，可降低经营成本，增加产品供给。

三、降低交易成本

信用担保机构的作用机理在于风险的分担，也会降低交易成本。信用担保制度的建立与实施，将“信用”产品交由专门的机构来经营，从表象上看似因为担保费用的发生增加了企业的融资成本，但事实却不是如此。就单个企业的单笔融资来看，业务增加了企业的成本。但企业整体，特别是中小企业整体，从企业融资规模与融资过程来看，却节约了成本。专业化、规模化的经营，单位成本的递减是必然趋势，全社会整体融资成本下降效果会十分明显。专业化、规模化的经营，保证了金融商品交易的“市场化”运作，市场也会变得更加经济和效率。专业化信用产品的经营，有效地发挥了信用担保的经济杠杆作用，增加全社会的整体效用，必然是交易成本的整体下降，信用担保体系的建立降低了中小企业的融资成本，有利于中小企业的发展。金融交易双方在风险信息、决策信息等方面存在着不对称性，为交易过程中因交易主体的机会主义行为而产生内生性交易费用创造了可能性，内生性交易费用的存在增加了交易成本。尤其是在资金需求者的规模较小、处于初创期时，在经营过程中存在较多的不确定因素，使得资金供给者对它的信任度降低，因此，在没有信用作为“黏合剂”的情形下，金融交易难以实现。众多的中小企业所面临的融资困境也正说明了这种缺乏“信用黏合剂”的情形。因此，中小企业信用担保机构的出现，其对中小企业提供增信服务的职能，是解决信贷交易中信用不足而产生的融资困境的有效途径。信用担保机构的存在，有益于整个信贷市场的“福利”增加。专业化主要体现在担保机构在交易对象的搜集、信息的获得和处理，专业人才的运用、培训和专门技术的研究与开发等方面，通过专业化经营，实现规模经济。担保机构通过信用担保的方式将交易主体的逆向选择和道德风险问题全部或部分地转移到自己身上，通过专业化经营来规避和控制风险，不仅消除或减少资金供应者放贷的风险，而且也降低金融交易过程整体的风险和内生交易费用水平，促进金融交易的顺利进行。不仅如此，由于担保机构的介入，银行减少了对中小企业的资格审查成本和后续的跟踪监控成本，都可以降低交易成本，提高贷款效率。

第二节 建立中小企业信用担保体系的必要性

多年来，中国的商业银行主要服务于国有大中型企业，中小企业得到银行的支持少之又少。有关统计数据显示，国有商业银行为中小企业提供的信贷只占其贷款总量的38%。要改变这种信贷支持的格局，真正按照效率先行、产业领先的要求进行信贷服务，必须扭转中小企业难以贷款融资的现状，积极为中小企业提供信贷、信息、结算等方面的服务，引导中小企业改善经营管理，提高经营效益。而信用担保体系的建设，正是中小企业与商业银行建立良性信用关系的关键。因此，在我国中小企业融资（信贷）中，大力发展信用担保业务，建立完善的信用担保体系就十分必要。

一、有助于解决信用活动中的信息不对称问题

经济学理论假定在对称信息、完全竞争、生产要素自由流动的完善市场条

件下，利率会调节信贷资金的供给和需求，使得竞争性的信贷市场实现均衡；这种均衡使得信贷资源达到帕累托最优状态，从而实现金融资源配置有帕累托效率。但是，现实经济更常见的现象是信息不对称。商业银行只了解某行业的借款者的平均风险和平均收益，对于风险高于平均风险水平的单个中小企业，商业银行判定其是高风险者还是低风险者是很有难度的。由于银行与申请贷款的中小企业存在信息不对称，容易导致中小企业逆向选择和道德风险，理性的商业银行严格控制信贷风险以使银行的收益最大化。为了控制信贷风险，银行必然产生对中小企业的“信贷配给”，“信贷配给”必然造成只有少量中小企业能获得贷款。

中小企业信用担保机构与中小企业具有天然联系，是银行和中小企业间的重要桥梁，在解决中小企业融资难问题上有着比较优势。这种天然联系，能够通过人缘、地缘关系或其他商业关系，低成本地获取相关的信息资源。尤其是互助性担保机构，会员企业基本上都处在同一区域的产业集群中，或从事同一产品，或从事相互配套的上下游产品，有相似的发展经历，有密切的人脉联系。会员企业之间的连带责任和一致利益，使得担保机构与企业之间的信息不对称程度降到最低。信用担保机构是为中小企业融资服务的专门机构，拥有针对中小企业特点的专门化担保品种、技术和风险管控体制，培养并拥有大量的专业人才，能够基于担保机构自身的市场定位和风险偏好，充分利用地缘、人缘优势，为中小企业提供灵活多样的担保服务。信用担保体系的建立，由于存在专门从事“信用”产品经营的担保机构，在其“纽带”、“桥梁”的中介作用下，原有的借贷双方——商业银行与中小企业间信用关系就变成了银行、中小企业和信用担保机构的信用关系，从而达到银行与中小企业和担保机构的信息畅通与对称。有必要说明的是，这种畅通与对称只是相对的，信息不对称的问题绝非有了担保机构的加入就变得对称了，只有三方的协作才能相应地降低信息不对称的程度。担保机构的出现，有效地降低了交易费用，节约了信息成本。在信用产品的交易中，资本的供求双方的信息是不对称的，可能会出现逆向选择与道德风险问题。要解决这些问题，信息公开与中介机构是可能的方式。作为前者，需要一个长期的改进过程，且不可控。但担保机构这一中介机构却是一种可控、有效的方式。一方面，它可以使生产信息的收益内部化；另一方面，专业化的机构在信息获取与处理、专业人才的培训与使用、专门技术的研究与开发等方面具有规模优势，有效地降低费用，也容易实现信息的公开。

二、有助于社会信用机制的完善与发展

中小企业融资难的一个重要原因就是信用观念差，信用不良。中小企业大多是家族式企业，管理水平较差，无法提供有效的抵押品，严重影响了中小企业的信用。而有些企业对自身信用的重要性缺乏认识，存在不按时还款，甚至还存在故意拖延，逃避银行债务等情况。这些问题的出现都是源于缺乏一个公平、公正、公开的信用平台。社会信用机制包含着十分丰富的内容，我们认为信用平台的建设与信用体系的建立是完善社会信用机制的重要内容。通过建立中小企业信用平台，能够引导企业诚实守信；通过建立中小企业信用评级制度和信用档案库，搭建信用平台，加强信用违法违规的有效监督，强化中小企业对自身信用重要性的认识，督促中小企业提高自身信用水平，从而形成良好的社会信用环境。中小企业信用信息平台的搭建，符合政策导向以及社会经济发展的实际需要，会是未来发展的必然趋势。中小企业的信用信息平台与信用担保体系具有相互联系、相辅相成的关系。信用信息平台的构建，有利于担保机构有效地把握被担保企业的经营情况、发展前景及信用水平，优化担保资源的配置，进而促进体系的建立健全和作用的充分发挥。中小企业信用担保体系的不断完善，又为中小企业信息信用平台的构筑奠定坚实的基础。一方面，担保机构在业务开展的过程中，会不断积累企业信息收集、分析、信用评级等方面的经验；同时，依托国家和行业的支持培养，相关专业人才队伍也会陆续壮大，这些必将对未来信用信息平台的建设形成有力支撑。另一方面，担保机构在与企业的持续合作中，获取的企业信息在深度和广度上都将逐渐提高，对企业信息的把控程度也会不断增强，这为中小企业信用信息平台的构建提供数据及素材，也在客观上推动中小企业信息的规范化和公开化。信用平台的建立，使得“信用”产品的交易可以获取更多的信息。而平台提供的信息产品，其优势是公开、公正，能够实现资源的共享，建立“信用”产品交易中的良好

信用关系，推动社会信用机制的建设。

三、有助于发挥信用杠杆配置资源的作用

信用担保机构是为了解决市场失灵现象而建立的。担保机构搜寻担保对象并向其提供信用担保的过程，就是引导金融资源配置的过程。其专业化的运作有助于找到最合适的担保对象，通过信用担保的方式建立信用链条，畅通金融交易渠道，从而优化金融资源的配置。实际上，中小企业信用担保体系最初就是政府宏观政策支持体系的一部分。信用担保机构大多通过政府出资或者政府引导民间资本出资建立的，信用担保行业一定程度上具备准公共物品的性质。担保机构可以根据不同时期的经济政策，调整和扩大其业务范围，配合国家经济政策，缓解中小企业融资困境，将金融资源的配置与国家的发展政策结合起来。在具体的运作中，信用担保机构由于自身专业优势，一般以自身资产几倍的放大倍数开展担保服务，能够在资源配置中发挥杠杆作用，引导资金向中小企业转移，实现扶持中小企业的功效。需要强调的是，政府在担保机构的作用应是“有限”的，不能替代“担保机构”的市场化经营，如同政府的作用被限制在市场失灵的领域一样，只是“纠正”与“弥补”市场失灵，就像“财政资金”一样，要发挥它的“挤入效用”，抑制“挤出效用”。目前来看，中小企业分布在各个行业，在推动经济的发展、增加就业、维护社会稳定等方面发挥着重要作用。尤其是高新技术中小企业，已经成为高新技术的重要载体，正在成为经济的第一增长极。通过建立信用担保体系，可以满足中小企业对资金的需求，从而实现中小企业的快速发展。

第三节　中小企业信用担保体系的形成与发展

一、我国中小企业信用担保体系建设的历程

我国的中小企业信用担保体系的探索最早始于 1992 年。中小企业信用担

保体系发展历经探索起步、试点发展、快速成长和规范整固四个阶段。

探索起步阶段（1992—1999 年）。1992 年，广东、上海等地私营中小企业自发地建立互助担保基金，并为会员提供贷款担保。1993 年，财政部和经贸委联合组建中国经济技术投资担保公司，标志着我国第一家担保公司的成立。之后各地从自身情况出发，在地区内建立政策性信用担保机构，资金来源主要是政府。伴随着信用担保的不断发展，在广东、四川等地，出现了专门为中小企业提供信用担保服务的地方性商业担保公司。交通银行上海杨浦支行与当地政府在街区企业中合作成立了担保基金，商业资本涌入信用担保行业，促进了商业性担保机构的发展。总的来看，这段时期的信用担保体系主要以政策性担保机构为主，互助性担保机构和商业性担保机构萌芽兴起，它只是辅助性的。由于时间较短，制度的不完善，国有银行出于卖方市场的垄断地位，银行业尚未形成竞争机制，担保机构未能发挥其应有的作用。

试点发展阶段（1999—2003 年）。1998 年，江苏镇江、山东济南、安徽铜陵等地积极探索，采取设立担保基金和担保机构的方式，帮助中小企业解决贷款难的问题。浙江、福建、云南、和贵州等地开始探索组建以私营企业为主要服务对象的中小企业贷款担保基金或中心，陕西、广东、湖北和北京等地开始出现针对科技、建筑领域的专业性担保机构，上海和北京等地还开始了以政府财政部门与商业性担保机构合作的模式，对中小企业贷款进行担保的试点。1999 年，国家经贸委总结各地试点经验以及借鉴世界各国的做法，发布了《关于建立中小企业信用担保体系试点的指导意见》，对我国信用担保机构的资金来源和形式、担保的种类以及风险管理等方面作出了规定，形成了我国中小企业信用担保体系的初步框架。之后，中国人民银行出台了《关于加强和改善对小企业金融服务的指导意见》，希望进一步改善金融机构的金融服务，更好地促进中小企业的发展。2000 年、2002 年，国家又先后出台了《关于鼓励和促进中小企业发展的若干政策意见》、《中华人民共和国中小企业促进法》，明确提出建立中小企业信用担保体系。期间，国家税务总局还发布了《关于中小企业信用担保机构、再担保机构免征营业税的通知》。2003 年，财政部下发《关于加强地方财政部门对中小企业信用担保机构财务管理和政策支持若干问题的通知》，加强监管和政策支持。在这一阶段，国家出台了大量法律法规鼓励建立信用担保体系，能够看出国家对于建立中小企业信用担保体系的重视程度。各地也积极开展试点工作，有效推动了信用担保行业的发展。这一时期，应该说是中小企业信用担保体系建设的生长期。各地结合实际，积极探索，大胆试验，模式纷呈。政府及相关部门认真总结，规范指导，担保体系的雏形及框架已基本形成。从担保机构的准入、资金资助、信用评估、风险控制制度、行业协调制度等方面来探索中小企业信用担保体系建设，初步建立了地方及国家信用担保机构与再担保机构等政策性担保机构，并推动企业互助担保机构与商业性担保机构的进一步发展，将其统一纳入担保体系。

快速成长阶段（2003—2009 年）。随着试点工作的不断深入，各种法律法规的出台，为我国信用担保机构的快速发展奠定了基础。而 WTO 的加入也为信用担保行业带来了机遇。在这一阶段，国家继续加大对信用担保体系的支持力度。2006 年，国家发改委、财政部、税务总局、人民银行、银监会联合发布了《关于加强中小企业信用担保体系建设的意见》，提出要建立健全风险补偿机制，完善税收优惠政策，建立信用征信体系与制度等。2007 年的金融危机后，国家进一步加大了对信用担保的支持，大量民营资本和外资的涌入，使信用担保机构发展进入了“黄金通道”，步入了“快车道”。

规范整固阶段（2009 年至今）。担保机构数量大幅增长，却缺乏有效地监管，出现了野蛮生长、良莠不分、过度经营等问题，行业的整体风险加大。因此，国家开始在整顿中求发展。2009 年，八部委为促进融资担保业的健康发展，建立了融资性担保业务监管部际联席会议制度。2010 年，国家七大部委联合发布了《融资性担保公司管理暂行办法》，规范了融资性担保机构的设立，在经营和风险控制等方面作了明确的规定。同年，又颁布了《中小企业信用担保资金管理暂行办法》、《融资性担保公司董事、监事、高级管理人员任职资格管理暂行办法》和《融资性担保公司信息披露指引》，加强对担保公司相关人员的资格管理以及加强对担保公司的信息披露。2011 年，银监会发布《关于促进银行业金融机构与融资性担保机构业务合作的通知》，进一步加强银行与担保机构的合作。2012 年，八部委联席会发布《关于规范融资性担保机构客户担保保证金管理的通知》，加强对客户保证金的管理。2014 年，财政部、工信部、科技部和商务部又出台了《中小企业发展专项资金管理暂行办法》，指出由地方和中央共同出资设立代偿补偿资金账户。在这一阶段，国家出台了大量法规，开展信用担保行业整顿，担保业初步步入正轨。

二、中小企业信用担保体系的基本框架

我国中小企业信用担保体系的基本框架基本按照《关于建立中小企业信用担保体系试点的指导意见》，并结合《加快建立中小企业信用担保体系》和《关于加强中小企业信用担保体系建设的意见》等文件和精神，基本形成了“一体两翼三层”的中小企业信用担保体系。

中小企业信用担保体系由一体两翼三层组成。“三层”指城市、省、国家三级中小企业信用担保体系，国家中小企业信用再担保机构以省级中小企业信用担保机构为再担保服务对象；省级中小企业信用担保机构以城市中小企业信用担保机构为再担保服务对象。“一体”指以政策性担保机构为主体，在城乡开展担保业务。“两翼”指在城乡社区中以中小企业为服务对象的互助担保机构与商业担保机构，是中小企业信用担保体系的基础，从事中小企业直接担保业务。商业性担保机构和互助性担保机构依据国家规定和协议约定享受中小企业信用担保机构提供的再担保服务和风险分担。

中小企业政策性担保机构为政府间接支持中小企业发展的政策性扶持机构，属非金融机构，不得从事金融业务和财政信用，不以营利为主要目的；中小企业互助性担保机构为中小企业自愿组成的、由会员企业出资为主、以会员企业为服务对象的担保机构，属非金融机构，不得从事金融业务，不以营利为目的；中小企业商业性担保机构为民间投资的、以营利为主要目的的担保机构。中小企业政策性担保机构可以设立为国有控股，也可以组建为国有参股的企业法人、事业法人、社团法人，互助性担保机构可以设立为社团法人或企业法人，商业性担保机构可以设立为企业法人或个人独资、合伙企业。

“一体”、“两翼”、“三层”的中小企业信用担保机构的经营原则是支持发展与防范风险、政府扶持与市场操作、开展担保与提高信用相结合。经营目标是逐步由中小企业信用担保体系发展成为以中小企业为主要服务对象的社会化的信用体系，推动中小企业信用担保机构逐步发展成为信用记录、信用评价、

信用担保相结合的社会化的信用中心。

中小企业信用担保体系的资金来源包括政府预算拨付、国有土地及资产划拨、民间投资和社会募集、会员入股或风险保证金、国内外捐赠等。其中，中小企业政策性担保机构的资金来源有政府预算拨付、国有土地及资产划拨、民间投资和社会募集等资本金以及政府信用担保基金、再担保准备金、会员风险保证金、国内外捐赠等；中小企业互助性担保机构的资金来源有会员入股、其他民间投资等资本金以及会员风险保证金、国内外捐赠等；中小企业商业性担保机构的资金来源有民间投资等资本金以及被担保企业交纳的风险保证金、国内外捐赠等。中小企业信用担保基金由政府预算拨款设立，仅限用于中小企业信用再担保和授信担保业务，按基金预算来源不同分别委托国家、省级、市级中小企业信用担保机构运作，分别由国家、省级、市级中小企业信用担保监督管理委员会（各级商务部门、人民银行、财政部门）进行监管。

政策性担保机构的职能主要是运作自有资本和政府信用担保基金，开展再担保和授信担保业务，统一负责纳入中小企业信用担保体系服务范围内的中小企业的信用记录征集、信用评价、信用信息等信用管理工作；中小企业互助性担保机构的职能主要是运作由会员企业出资和其他民间投资形成的资本金，以会员企业为服务对象开展直接担保业务，可以从事会员企业的信用记录征集、信用评价、信用调查等信用服务；中小企业商业性担保机构的职能主要是运作由股东投资形成的资本金，开展法律和政策允许的直接担保业务，可以从事法律允许的对被担保企业的信用评价、信用调查等信用服务。中小企业授信担保业务对象是符合国家产业政策的各类中小企业的贷款担保、创业投资担保、风险投资回购融资担保等；中小企业信用再担保业务对象是互助性担保机构和商业性担保机构，为它们提供以分担直接担保风险为主要内容的再担保服务；中小企业直接担保业务对象是法律允许的所有经济活动的担保服务。

信用担保机构从事信用担保业务，必须与金融机构（银行）建立良好的协作伙伴关系。一种情况下，银行直接开展担保贷款业务，通常由互助性担保机构和商业性担保机构选择资信度高、有积极性的银行，特别是中小金融机构作为协作银行，由担保机构与协作银行以合同方式确定保证责任、责任比例、放大倍数、资信评估等协作事项。担保资金一般专户存入协作银行或购买国库券等。另一种情况下，一般先由银行向中小企业信用担保机构提出申请，由信用担保机构报请同级中小企业信用担保监督管理委员会批准后，由信用担保机构与协作银行签订合同，确定授权额度、贷款损失率、代偿补偿率、责任比例等协作事项。担保资金也按照直接担保业务与授信担保业务分别进行管理：互助性担保机构和商业性担保机构按照与协作银行确定的担保放大倍数和代偿率的乘积的一定比例（如50%），将担保资金存入协作银行或同级中小企业信用担保监督管理委员会和人民银行指定的银行；中小企业政策性担保机构自有担保资金（货币资金）和托管的政府中小企业信用担保基金，按照确定的担保放大倍数和代偿率的乘积的一定比例（如80%），存入承办授信担保业务的协作银行或同级中小企业信用担保监督管理委员会和人民银行指定的银行。

信用担保机构在风险控制与责任分担方面主要采取协定放大倍数、资信评估、会员资格、企业和经营者反担保、设定代偿率、实施强制再担保、依法追偿等方式进行风险控制。采取担保人与债权人、担保人与再担保人、担保人与被担保人协定责任比例等方式共担风险。中小企业互助性担保机构和商业性担保机构按照担保业务收入的一定比例（如20%）建立担保风险准备金。成立中小企业担保机构同业公会，从事中小企业担保业务的各类担保机构必须加入一个本地区的同业公会。由商务、财政、银行、工商等政府部门组成省市中小企业信用担保监督管理委员会（一般由省市政府中小企业职能部门负责人兼任委员会主任），由财政、审计和其他出资者组成担保机构的监事会（一般由最大股东或财政部门人选担任监事会主席）。所有从事中小企业直接担保业务的各类担保机构，必须参加所在城市中小企业信用担保机构的强制再担保，并可以在协商的基础上参加自愿再担保。城市中小企业信用担保机构必须参加所在省、自治区、直辖市中小企业信用担保机构的强制再担保，省、自治区、直辖市中小企业信用担保机构必须参加国家中小企业信用再担保机构的强制再担保。

为控制担保风险要严格行业准入制度，设立中小企业互助性担保机构和商业性担保机构，应由地级城市人民政府进行审批，并由同级工商管理部门进行工商登记注册；设立省市中小企业信用担保机构，应由省级人民政府进行审批，并由同级工商管理部门进行工商登记注册。“对纳入全国试点范围的非营利性中小企业信用担保、再担保机构，可由地方政府确定，对其从事担保业务收入，3 年内免征营业税”政策，其中全国试点范围应是国家、省、市中小企业政策性担保机构，以及参加强制再担保的中小企业互助性担保机构和商业性担保机构。免税担保收入是指国家、省、市中小企业政策性担保机构的担保业务收入；中小企业互助性担保机构和商业性担保机构从事直接担保业务收入中转缴再担保部分；中小企业互助性担保机构和商业性担保机构的担保业务收入中按照规定比例建立担保风险准备金。

中小企业融资难的根本在于中小企业贷款难，而中小企业贷款难问题的根本原因在于中小企业与商业银行间的信息不对称。伴随着中小企业信用担保体系的建立，信用担保机构通过经营“信用产品”，将自身信用转嫁给中小企业，进而与银行共担风险，实现整个社会的资源有效配置。在吸取美国、日本等国家的成功经验的基础上，我国陆续出台相关法律法规，加大对中小企业信用担保体系的监管力度和扶持力度，中小企业信用担保体系逐步完善，初步形成了政策性担保机构为主体、商业性担保机构和互助性担保机构为辅的多层次信用担保体系。但我国中小企业信用担保体系起步较晚，中小企业信用担保体系的发展存在不均衡性，特别是中西部民族地区中小企业信用担保体系的建设多处于初级阶段，建立全面性、高质量、多层次的民族地区中小企业信用担保体系任重而道远。

第六章

民族地区中小企业信用担保体系现状及问题

我国中小企业信用担保体系历经二十多年的发展，如今已有了显著的进步。截至2014年末，我国现有7898家融资性担保机构，净资本总额1.01万亿元，在保余额2.74万亿元。[①] 从整体来看，我国中小企业信用担保体系的建设正在逐步地完善和形成，中小企业信用担保机构的作用也在不断地增强。但从结构分析来看，由于我国地区间经济、社会发展的不均衡性，各省份的中小企业信用担保体系完善和落实情况存在着较大的差异性。我国是多民族国家，各少数民族大多都集中在中西部偏远地区，经济、社会发展较落后，中小企业融资难问题较为突出一个突出的表现就是信用担保体系建设滞后，制度计划与安排方面存在着差距与缺陷。

第一节 民族地区中小企业信用担保体系的现状及特点

我国民族地区由于经济落后，财政基础较弱，市场化制度体系的建立起步较晚步伐也较缓慢，在中小企业信用担保体系的建设上还比较落后。但在国家的引导下，行业全体人员的共同努力下，规范中谋发展，也具有了以政策性担

① 《中国融资担保业统计分析报告》(2014)。

保机构为主体、商业化担保机构和互助性担保机构为辅的中小企业信用担保体系雏形与基本特点，为缓解中小企业融资难，促进中小企业健康发展发挥了重要作用。民族地区中小企业信用担保体系有以下特点。

一、法律法规陆续出台，扶持力度逐渐加大

我国自从1999年发布《关于建立中小企业信用担保体系试点的指导意见》以来，陆续出台了《融资性担保公司管理暂行办法》、《中小企业信用担保资金管理暂行办法》、《融资性担保公司董事、监事、高级管理人员任职资格管理暂行办法》和《融资性担保公司信息披露指引》，引导和规范中小企业信用担保机构健康发展。而民族地区根据自身情况，在国家颁布的政策和法规的基础上，制定了适合自身发展的相关法规和政策，从信用担保机构的市场准入条件、业务规范、从业资格、风险防控等方面对中小企业信用担保机构进行约束，确保中小企业信用担保机构在规范中健康发展。如宁夏回族自治区就颁布了《关于进一步促进融资担保行业发展的若干意见》、《宁夏回族自治区融资性担保公司管理实施细则》、《宁夏回族自治区担保机构高级管理人员任职资格管理办法（试行）》和《融资性担保公司退出市场管理办法》等政策和法规，为宁夏中小企业融资担保体系的完善提供了制度性保障。西藏、新疆和广西三个自治区也纷纷出台了促进融资担保行业发展的相关意见，并出台了相关实施细则，促进行业的健康发展。总的来看，民族地区中小企业信用担保体系的建设，更多地依赖政府的政策性推动与支持，发展尽管缓慢，但成长趋势是毋庸置疑的。

在政策扶持方面，在国家减免营业税、出台会计核算政策的基础上，民族地区政府积极落实国家针对融资性担保机构的扶持政策，对满足条件的融资性担保机构免征营业税和所得税。与此同时，各少数民族地区政府积极建立风险补偿机制和风险共担机制。宁夏从2016年起连续3年，每年安排3000万元用于建立融资性担保风险补偿基金。宁夏经信委创新财政资金使用方式，从新型工业化发展专项资金中首期拿出1亿元注入西部担保公司，其中8000万元为担保基金，2000万元为保费补贴，按照经信委与西部担保“3:7”的“风险共

担”原则，设立自治区新型工业化专项担保基金，支持自治区内符合政策扶持方向和重点的工业在建项目。广西各级政府积极完善资金补偿机制，对条件达标的中小企业融资担保机构，按其年平均担保余额和新增在保余额的0.4%和0.2%进行风险补偿。

二、担保机构实力日渐壮大，在保余额连续攀升

近年来，在政府的大力支持下，民族地区信用担保行业在担保机构数量、累计担保额和注册资本等方面，取得了巨大的进步。从表6－1来看，我国民族地区中小融资担保机构数量可观，其中甘肃共有372家融资担保机构，甘肃、青海两省情况与民族地区基本相同，在分析中没有划出。最少的宁夏也有62家融资担保机构。从平均注册资本金来看，民族地区的融资性担保机构的平均注册资本大多在1亿元左右，抵御风险的能力进一步增强。而甘肃的融资性的融资性担保机构平均资本金较少，与担保机构的数量有关。总的来看，我国民族地区的中小企业信用担保机构发展趋势良好，担保机构的实力日渐增强，在中小企业担保方面效果显著，为解决中小企业融资难问题提供了有效帮助。

表6－1　2014年部分民族地区担保行业情况

	内蒙古	广西	甘肃	青海	宁夏	新疆
机构数量	201	165	372	69	62	157
注册资本金（亿元）	198.4	210	220	84.15	66	128.4
平均注册资本金（亿元）	0.99	1.27	0.59	1.22	1.06	0.82
在保余额（亿元）	338.76	454.54	380	337.18	117	208.1

资料来源：《中国融资担保业统计分析报告》（2014）。

三、信用担保体系建设由政府主导向政府引导、市场主导转变

从世界各国的经验来看，中小企业信用担保大多是由政府出资或者政府间接投资建立的。在我国民族地区中小企业信用担保体系建立之初，担保机构大

多也是由政府出资建立，政策性担保机构在数量上和资产上都占据着主导地位，互助性担保机构和商业性担保机构只占很小份额。在国家发布《国务院关于鼓励和引导个体私营等非公有制经济发展的若干意见》后，民族地区的民营和外资担保机构数量发展迅速，信用担保行业逐渐发展成由市场主导，政府通过政策性担保机构引导的行业。广西和甘肃的民营担保机构数量占总数量分别为 88.48% 和 74.73%。截至 2014 年，内蒙古 201 家担保机构中，政策性担保机构只有 80 家，约占担保机构总数的 39.80%，资本金总额 88.04 亿元，占资本金总额的 44.38%[①]。从数据上来看，我国民族地区的商业性担保机构和互助性担保机构无论从数量上还是从资本金上来说，都已经成为民族地区信用担保行业的主导力量。而政策性担保机构已经从主导信用担保行业逐渐转变为宏观调控手段的实施者，引导我国民族地区信用担保行业的转型发展。

四、信用担保机构定位逐渐明确，经营管理呈现多样化

我国中小企业信用担保体系建立的目的是解决中小企业融资难问题。担保机构的主要业务对象应该是中小企业。随着中小企业信用担保体系的发展，其定位更加清晰。截至 2014 年，内蒙古自治区累计为 4.5 万户中小企业提供担保，累计担保余额达 1621 亿元，融资性担保机构已经成为中小企业融资发展的重要途径。截至 2014 年，广西壮族自治区融资性担保机构，对中小企业融资担保余额 445.52 亿元，占在保余额的 98.02%，融资性担保机构服务中小企业融资发展的定位愈发明确。而青海对小微企业和三农领域的在保余额为 234.99 亿元，占担保总额的 84.73%。随着民族地区中小企业信用担保体系的不断完善，民族地区中小企业的定位也越发地清晰，在民族地区中小企业融资发展中的作用也日渐加深。而在经营模式方面，政策性担保机构、互助性担保机构和商业性担保机构在巩固传统经营模式的基础上，民族地区积极学习沿海发达地区信用担保机构经营模式，如上海模式、深圳模式、投资担保一体模式、桥隧模式等，灵活开展担保活动。宁夏回族自治区西部担保公司，在短短

① 《中国融资担保业统计分析报告》(2014)。

2年的时间内，注册资本达到39.6亿元，累计担保余额92亿元，成为西部地区唯一的AA级担保机构，发展模式被业内称为“西担模式”。随着我国民族地区信用担保行业的快速发展，担保机构担保品种日渐丰富。内蒙古融资性担保机构不仅开展贷款担保、贸易担保和融资租赁担保等传统业务，还积极开展中小企业集合债、信用证、中小企业集合票据以及非融资性担保业务。青海在传统贷款担保业务的基础上，在非融资担保和债券担保领域也保持着持续发展的态势，截至2014年债券担保余额24.37亿元，较上年增长103.25%，担保业务体系逐渐丰富。

五、风险分担机制和补偿机制逐步建立

中小企业信用担保体系不仅仅是担保机构为中小企业提供融资担保，更是一整套为了中小企业融资提供相应担保的系统性制度。信用担保机构是其中重要的一环，是为中小企业提供担保的直接对象。但信用担保机构的风险分担机制和风险补偿机制是信用担保机构能够健康发展的重要保障。从世界范围内看，美国、日本等国家都建立了完善风险补偿机制和分担机制。随着民族地区相关政策的不断完善，我国民族地区正在逐步建立相应的机制。在风险补偿机制方面，宁夏回族自治区每年安排3000万元用于建立融资性担保风险补偿基金。广西壮族自治区各级政府积极完善资金补偿机制，对条件达标的中小企业融资担保机构按其年平均担保余额和新增在保余额的0.4%和0.2%进行风险补偿。内蒙古自治区也从2012年开始，对经营管理规范、社会效益显著的担保机构提供风险补偿基金，2014年共计为49家担保机构提供了6882万元财政扶持基金。而在风险分担机制方面，内蒙古、宁夏、广西等少数民族地区纷纷建立起了省级再担保公司，为担保机构提供再担保服务，分担担保机构的担保风险。另外，各少数民族地区积极落实银行与担保机构风险共担机制。内蒙古自治区152家担保机构与金融机构建立了业务合作，部分大型担保机构开始与合作银行探讨风险分担措施。广西共有38家金融机构与担保机构开展了业务合作。

第二节 民族地区中小企业信用担保体系存在的问题

自试点以来，宁夏、新疆、内蒙古等广大少数民族地区根据自身情况，以自治区为单位积极开展信用担保体系试点工作，信用担保体系的建设也初具规模。民族地区信用担保机构数量迅速增长，并逐年上升；在组织形式方面，随着我国经济体制的改革，民族地区信用担保机构多采用企业法人的形式，按照市场化运行，保证了信用担保机构的运营效率；民族地区担保机构放大倍数逐渐扩大，担保规模进一步加大。民族地区信用担保体系的建设取得了很好的成绩，一定程度上缓解了民族地区中小企业融资难的问题，有助于民族地区经济的发展、社会的稳定。但由于我国民族地区中小企业信用担保体系起步相对较晚，加之民族地区经济、社会各方面相对落后，民族地区中小企业信用担保体系建设存在着诸多问题，制约着信用担保体系的发展与建设。

一、中小企业信用担保机构外部问题

（一）信用担保法律法规不健全

中小企业信用担保行业属于高风险的行业，相关政策法规的完善对中小企业信用担保行业的健康发展至关重要。从法律层面上来说，我国先后出台了《中华人民共和国担保法》和《中华人民共和国中小企业促进法》。但担保法的立法初衷是保护债权人合法权益，而对担保人的相关权益缺乏必要的保障，也没有对担保机构的法律地位进行明确。中小企业促进法，一定程度上促进了中小企业的发展，也提出要建立中小企业信用担保体系，但可操作性较差，只是从宏观的角度提出要建立中小企业信用担保体系，很难为中小企业信用担保提供法律保障。在政策性法规方面，我国先后出台了《关于建立中小企业信用担保体系试点的指导意见》、《融资性担保公司管理暂行办法》等一系列政

策性文件，对中小企业信用担保体系的基本框架和信用担保机构作了规定，具备了一定的可操作性。但相对来说，立法层次相对较低。少数民族地区政府根据相关法律法规也发布了相关政策文件。如内蒙古就发布了《内蒙古自治区人民政府关于加快信用体系建设工作的意见》，宁夏发布了《宁夏回族自治区融资性担保公司管理实施细则的通知》等，也大多是在国家相关法律法规基础上的细化。由于国家相关法律法规的不健全，各民族地区政策法规系统性不强，存在着差异性，相对比较零散。总的来说，我国中小企业信用担保体系法律法规建设的法律层次较低，缺乏完善、成熟的法律体系，民族地区的政策存在差异性，难以对担保行业进行全面科学的规划和约束，不利于民族地区信用担保行业的发展。

（二）政府部门多头管理、行政干预过重

为防范中小企业信用担保风险，《试点》中明确指出，各省市设立由经贸委、工商行政管理、财政、人民银行及商业银行等部门组成的中小企业信用担保监管委员会，对辖区内中小企业担保和再担保业务、信用担保机构进行监督管理。2009年，为加强对融资性担保行业的监管，促进融资性担保行业健康发展，发改委、财政部等八部委建立融资性担保业务监管部际联席会议制度。民族地区各省的联席会议主要负责政策制定，而监管的具体工作就落在了民族地区金融办身上。民族地区各省金融办负责辖区内金融事务的管理和监督，监管面相对较大，监管措施存在着不足之处，难以对信用担保行业进行有效的监管，以致大量担保机构违规经营。双层监管方式的监管真空与重复监管问题时有发生。各部门缺乏有效的沟通和协调，各监管部门往往互相推脱，不愿主动承担相应责任，监管的效率相当低下。由于省级监管机构不统一，对行业的监管和评价口径也各不相同，难以建立统一的行业信息监管体系，更凸显了信用担保体系的地区性差异。担保行业属于知识化密集型行业，监管机构需要专业化、高素质人才，对信用担保行业的市场准入、业务操作、风险防范等方面加以监管。但实际中，民族地区由于人才吸引力较弱，监管力量薄弱，省级监管机构有的不超过10人，缺乏专业知识和技能。另外，民族地区政策性担保机构由于是政府出资，政策性担保机构的经理任命往往由行政指派，大多不具备

信用担保相关的专业素质，实际运营中的担保、赔付等重大决策容易受到政府部门的干预，行政色彩较浓。有些机构甚至沦为政府实现产业政策的工具，市场化程度比较低。监管要么流于形式、不到位，要么过度干预。

（三）银行与担保机构风险共担机制不合理

由于中小企业普遍规模较小、经营管理水平较差、可抵押品缺乏、竞争力不足等诸多因素，造成银行与中小企业的信息不对称。而银行从资产安全性角度考虑，往往拒绝向中小企业发放贷款。中小企业信用担保机构作为银企之间的桥梁，能够有效解决这一问题。但在实践中，中小企业信用担保机构往往与银行存在着很大的分歧。一方面，由于银行对中小企业信用担保机构不信任，银行在与中小企业信用担保机构开展合作前，通常对信用担保机构的资本金有一定的要求，这直接将一部分商业性与互助性信用担保机构排除在外，不利于担保机构的发展。另一方面，在与中小信用担保机构开展合作时，在放大倍数和风险分摊比例上处于主导地位。银行往往严格限制担保机构的放大倍数，并强制担保机构对本、息和费用全额担保，甚至要求担保机构存入全额的保证金。内蒙古自治区共有201家担保机构，其中只有152家担保机构与金融机构建立了业务合作，但必须向金融机构存出保证金37.5亿元，在与银行的合作中处于弱势地位。元盛担保集团、鼎新担保集团等大型担保公司与银行业务合作，尝试建立风险共担机制，但这种机制仍然只是在小范围内开展，风险共担的比例也受到严格的限制。而民族地区大多数担保机构在与银行的合作中处于劣势，信用担保机构承担了全部的风险。银行由于无须承担任何风险，在贷款审查中容易放松警惕，变相增加了信用担保机构的风险，不利于中小企业信用担保机构的健康发展。而从表6－2来看，国外的担保机构往往承担70%—80%的风险，银行承担剩余风险。

表6－2　　外国中小企业信用担保机构风险承担比例

国家	美国	日本	德国	法国	加拿大
担保机构承担比例（%）	80	50—80	50—80	50	85

资料来源：工信部中小企业司网站整理。

（四）信用中介机构不完善，中小企业信用较差

信用伴随着市场经济的产生而产生，信用是市场经济的关键。但现实生活中，却存在着大量失信的情况。信用问题的原因在于缺乏完善的信用系统，让失信者能够有利可图，而又不会受到惩罚。具体到民族地区，中小企业信用担保机构能够有效缓解中小企业融资难的问题，但并不是说任何一个中小企业都能获得中小企业担保机构的担保。民族地区中小企业的信用问题增大了信用担保机构的风险，也严重影响着担保行业与担保体系。民族地区由于经济、社会的落后，中小企业缺乏契约精神，信用观念淡薄，缺乏对信用内在价值与失信后果的认识，在经营和管理上存在着财务不真实、拖欠债务、偷漏税等问题。与此同时与信用相关的配套系统也存在着诸多问题。民族地区缺乏统一的征信平台，中小企业的信息多集中在工商、银行、质检、税务、财政各部门，由于各部门权责没有划分明确，缺乏有效的沟通机制，难以全面整合中小企业的信用信息。另外，由于民族地区信用评级发展相对落后，信用评级公司缺乏有效的中小企业信用评级制度和相关专业人才，中小企业的信用信息难以得到正确的评价。没有完整、有效的征信、评价、发布一体化的信用平台，造成中小企业信用信息始终处于不透明状态，严重影响着民族地区中小企业的融资，也增大了民族地区中小企业信用担保体系的潜在风险。

二、中小企业信用担保机构内部问题

（一）担保机构资本金较少

信用担保行业是高风险行业，资本金能够起到防范风险的作用。有关统计数据反映，2014 年内蒙古、广西、宁夏和新疆的平均注册资本分别是 0.99 亿元、1.27 亿元、1.06 亿元和 0.82 亿元。虽呈上升趋势，但远低于发达地区和其他地区信用担保机构的平均注册资本水平。从江苏和湖南的情况来看，两省的平均注册资本金分别是 1.36 亿元和 1.12 亿元。民族地区担保机构与发达地区还存在着资本金较少的问题。仅就民族地区担保机构的结构来看，政府出资

的政策性担保机构数量少，但注册资本高，经营规模较大。而企业互助型与商业性的信用担保机构虽然数量较多，但注册资本金较少，经营规模也较小。以内蒙古自治区为例，注册资本大于10亿元的担保机构只有1家，而注册资本小于1亿元的达104家，注册资本小于2000万元的有18家，注册资本小于1亿元的大多是民营担保机构。广西壮族自治区共有165家担保机构，国有出资担保机构19家，注册资本金总额75.33亿元，平均每家担保机构的注册资本金为3.97亿元；民营担保机构146家，注册资本金总额134.67亿元，平均每家担保机构的注册资本金仅为0.92亿元，足见其差距。从整体来看，民族地区中小企业信用担保机构的平均注册与发达地区相比较少，政策性担保机构资本金相对较多，而民营担保机构平均资本金相对较小，代偿能力相对较弱，抵御风险能力较差，有的担保机构甚至只要发生一两次代偿，就要面临破产。近年来，一些地区的担保机构出现了歇业和停止，也出现了破产倒闭。

（二）杠杆效应较低

信用担保机构作为专业性机构，往往以高于自有资产数倍的信用额度进行担保，对经济发挥杠杆作用。从各国经验来看，各国基本上也是以20倍左右的放大倍数进行担保，而信用担保比较发达的日本和美国放大倍数高达60倍和50倍。根据《中小企业融资担保机构风险管理暂行办法》相关规定，我国担保机构放大倍数最高不超过10倍，对单个企业的融资担保不超过实收资本的10%。从表6-3中可知，重庆和山东的放大倍数分别是4.90和3.06，内蒙古、新疆和广西的放大倍数只有1.59、1.60和2.75。而2014年全国平均放大倍数为2.33，除广西水平稍高于全国平均水平外，内蒙古和新疆的放大倍数都处于平均水平之下，未能达到《暂行办法》规定的倍数，更谈不上与发达国家相比。就这样一个较低的担保倍数，在结构上仍然存在着差距与不平衡。政策性担保机构信用相对较高，放大倍数也相对较高，民营担保机构资本金相对较少，放大倍数也就更低。由于担保比例的限制，担保的杠杆作用显然十分有限。担保机构难以有效地满足中小企业的巨大的融资需求。

表 6-3　2014 年部分省份放大倍数情况

	重庆	山东	辽宁	广西	安徽	浙江	新疆	内蒙古	贵州	福建	全国
放大倍数	4.90	3.06	3.60	2.75	2.52	2.49	1.60	1.59	1.39	0.95	2.33

资料来源：《中国融资担保行业统计分析报告》(2014)。

(三) 代偿风险加大

我国担保机构起步较晚，发展时间短，在风险防控上缺乏有效地风险管理机制。众所周知，高风险的担保企业个别项目的代偿，就有可能影响其正常运营。在风险识别上，现阶段，民族地区担保机构大多还是停留在财务报表分析和简单的实地调查和询问，缺少细致深入地调查和分析；在风险监控上，部分担保机构并没有对企业的后续状况进行监控，缺乏保后管理细则；在风险应对上，担保机构的主要做法就是提取风险准备金。《融资性担保机构暂行办法》中规定，融资性担保机构按保费收入的 50% 提取风险准备金，按在保余额的 1% 提取赔偿准备金。从经营状况看，民族地区的担保机构盈利能力普遍较低，担保机构在满足日常开支后的相关收入不足以提取相关保证金。近年来，受经济下行的影响，民族地区中小企业盈利能力持续下降，资金链相对紧张，中小企业不良贷款发生的概率增加，担保机构的代偿余额不断加大。内蒙古 2011 年、2012 年、2013 年和 2014 年的代偿率分别是 0.71%、1.28%、1.82% 和 1.94%，呈上升态势。而 2014 年，广西共有 65 家担保机构发生代偿损失 22.49 亿元，较 2013 年增加 15.48 亿元。

(四) 违规违法经营时有发生

在中小企业信用担保体系的建设方面，相关部门出台了一系列文件法规，从信用担保机构的市场准入条件、业务规范、从业资格、风险防控等方面对中小企业信用担保机构进行约束。随着行业监管力度的不断加大，担保机构的运营质量也在不断提升。但是由于出资主体的不同，国有担保机构与民营担保机构的实际运营管理水平存在明显的差距，呈现出两极分化的现象。国有担保机构由于政府出资，规模相对较大，公司内部控制机制比较健全，管理人员具备一定的知识和经验。而部分民营担保机构内部组织结构不健全，存在一些违规违法经营现象。一是存在虚假出资现象。《融资性担保机构暂行办法》规定注册资本必须是货币资本，但现实中一些担保机构往往会以土地和固定资产充当注册资本。还有些担保机构存在资金抽逃现象，严重影响了担保机构的信誉。二是存在不务正业现象，担保机构应该是银企双方的中介，但一些担保机构为了追求更高的利润，或超比例投资，或以担保的名义非法吸收存款和发放贷款，严重影响了金融秩序。三是存在挪用客户保证金现象。保证金应该在银行专户进行管理，只能用于违约代偿，但有些担保机构挪用中小企业担保保证金，进行高风险投资，严重影响了代偿能力。

（五）风险补偿机制不健全

有效的资金补偿机制是促进中小企业信用担保机构健康发展的关键因素之一。目前，担保机构的主要资金来源有股东出资、政府财政资金扶持、担保业务收入和投资收益。股东出资往往是一次性的，后续的出资存在很大的不确定性，资金补偿的持续性不高。近年来，尽管加大了对担保机构的扶持力度，如宁夏“十三五期间”每年安排3000万元用于建立融资性担保风险补偿基金，广西对条件达标的中小企业融资担保机构按其年平均担保余额和新增在保余额的0.4%和0.2%进行风险补偿。但民族地区财力有限，资金补偿机制也只是一小部分担保机构提供补偿资金，财政补偿机制难以做到全面性、持续性。这还只是针对财政出资的政策性担保机构的补偿，而互助型与商业性担保机构却享受不到这样的资金补偿。根据规定，保费不得高于同期银行贷款利率的50%，但担保机构成本费用相对较高，整体盈利水平较差。从表6－4中可以看出，民族地区担保业务收入和净利润较少，难以成为担保机构的重要资金补偿渠道。民族地区担保机构大多依靠股东的一次性出资，缺乏完善的、持续的资金补偿机制，限制了担保机构的可持续发展。

表6－4　　2014年部分民族地区营业收入和净利润情况

	内蒙古	广西	宁夏	新疆
收入（亿元）	4	14.56	2.43	4.3
净利润（亿元）	1.4	1.78	1.46	1.9

资料来源：《中国融资担保行业统计分析报告》（2014）。

（六）缺乏专业的人才

信用担保行业是一个知识密集型行业，专业性很强，担保业务涉及法律、财会、金融等多个领域，需要高水平的复合型人才从事专业化运作。缺乏高水平的专业从业人员是制约民族地区担保机构和担保行业健康发展的重要因素。民族地区对人才的吸引力较弱，担保行业的专业性需要专业的人才。以宁夏为例，宁夏信用担保业从业人员中，具有研究生学历的从业人员仅占全部从业人员的2.5%，具有本科学历的从业人员占总体人员的35.9%，大多数从业人员教育层次相对较低，且大部分人员都缺乏担保行业相关工作经验。

第七章

中小企业发展与信用担保体系建设的国际借鉴

中小企业在许多国家的国民经济中都发挥着重要的作用，我国中小企业在国民经济中也占有非常重要的地位，但融资困难一直是困扰各国中小企业发展的一大障碍，融资难问题不单单是我国中小企业所面临的问题，世界各国中小企业都或多或少的存在融资难问题。各国对中小企业融资难的问题都进行了不同的探索，都采取了相应的措施，主要方式包括：税收优惠、财政补贴、贷款援助、风险投资和开辟直接融资渠道等。随着对中小企业的地位和作用认识的深入，各国制定了相对完善的中小企业融资政策，借鉴国外成功经验对于促进我国中小企业健康发展具有特别重要的意义。而中小企业信用担保体系建设被认为是缓解中小企业融资难问题的有效途径和方法。为缓解中小企业融资难以及促进中小企业的健康发展，日本、美国、德国、意大利等国家都先后建立了中小企业信用担保体系。我国台湾和香港也于1974年和1998年建立了中小企业信用担保体系①。我国中小企业信用担保体系建设起步较晚，正处在不断发展和完善之中。借鉴其他国家和地区的成功经验，有助于完善我国信用担保体系。

① 施继元：《信用担保新论》，中国金融出版社，2013年。

第一节　日本地方信用保证协会和中小企业信用保证公库

一、概况简述

日本是较早建立中小企业信用担保体系的国家之一，所建立的信用担保体系较为完备。日本的中小企业信用担保机构包括地方信用保证协会和中小企业信用保证公库。地方信用保证协会主要承担为日本中小企业提供信用保证的责任，中小企业信用保证公库则为地方性信用保证协会提供再担保业务。日本共有 52 个地方性信用保证协会和 160 个分支机构，信用保证协会属于特殊的独立法人，受到大藏省和通产省的监管，提供制度保证和普通保证两类信用保证。其中，制度保证是政策性的，市场份额比较大，是最主要的担保类型，在财产抵押和保证费率方面得到政府优惠政策的扶持。信用保证协会的担保费率由基本费率、风险保证费率和额度保证费率三部分组成，约为 1%。

地方信用保证协会的基本财产来源主要有三部分：政府出资、金融机构捐赠和累计收支余额。其中，政府出资由中央和地方共同承担，地方政府的出资额等于或大于中央政府的拨付额。金融机构捐赠额是由金融机构根据信用保证机构的要求以及自身风险情况确定的，占基本财产的比重较大，相关款项计入金融机构的成本费用。累计收支余额是信用保证协会将每年的收支余额转入的数额，但受到信用保证协会经营状况的影响。地方信用保证协会以基本财产作为信用保证基金，可以为中小企业提供不超过基本财产 60 倍的贷款担保。

除了基本财产制度，日本还建立了融资基金制度。信用保证协会可以通过中小企业信用保险公库从中央和地方政府筹措借款，以满足其日常经营与运作。信用保证协会在借款时承担的是政府给予的政策性利率，而当其将借款存入金融机构时却可以享受到高于政策性贷款利率的商业性存款利率，从而增加了信用保证协会的利息收入。另外，由于金融机构具有放大存款的功能，金融机构存款的增加也就加大了金融机构放贷的能力。融资基金制度将会对中小企业的贷款产生一个 7 倍的乘数效应。

日本信用保证还建立起全面的风险防范与控制机制。一是日本的相关法律对信用保证服务对象进行了明确的规定，对不同规模的企业规定了不同的授信额度。以零售业为例，信用保证的服务对象为从业人员少于 50 人或者资本少于 1000 万日元的中小企业。一般企业的授信额度为 2 亿日元，并视具体情况而定。二是信用保证协会通过控制信用保证总额和提取风险准备金等手段规范信用保证协会的经营，有效降低了风险的发生。三是通过中小企业信用保证公库制度，地方信用保证协会将保证费用的 40% 上缴中小企业信用保证公库，由中小企业信用保证公库提供再担保服务。当发生代偿时，由中小企业信用担保公库承担代偿额的 70%，地方信用保证协会仅承担剩余部分。而为了保证地方信用保证协会基本财产的安全，日本还建立了风险补偿机制，当代偿损失无法收回时，将由政府承担地方性信用保证协会的损失，通过财政预算对地方信用保证协会的损失予以补偿。

此外，日本制定了《中小企业法》、《中小企业信用保证法》、《中小企业信用保证协会法》等多部法律，以规范信用保证行业的健康发展，为日本中小企业信用担保体系的发展提供了良好的法律环境。

二、信用保证的运行

（一）信用保证与信用保险

日本信用保证体系以信用保证和信用保险两大功能为特点。信用保证功能指信用保证协会对金融机构的中小企业贷款提供担保保障，信用保险功能指由政府资金支持的日本金融公库对信用担保的再保险保障。这两大功能组合起来被称为“信用补充制度”。

当信用保证协会批准一项担保申请且金融机构据此发放贷款后，日本金融公库自动承保该笔贷款，信用保证协会向公库支付保费。当贷款发生代偿，信用保证协会可以向日本金融公库索要代偿金额 70% 至 90% 不等的赔款。若信用保证协会从中小企业收回代偿支付，则需要将赔款归还金融公库。保险制度有效地保障了信用保证协会的偿付能力，也相应提高了它们的信用等级。

（二）信用保证对象的资格要求

信用保证体系覆盖《小企业信用保险法》实施条例中列明的所有行业，包括农业、林业、渔业、金融业等，宗教组织和非营利性组织也包括在内。信用保证协会对有资格获得信用担保的中小企业的雇员人数或实收资本作了规定（见表7－1），对中小企业所能获得的最大担保额也作了明确规定（见表7－2）。

表7－1　日本符合信用保证条件的中小企业标准

行业类别	资本（百万日元）	雇员人数
制造业等	≤300	≤300
批发业	≤100	≤100
零售业	≤50	≤50
服务业	≤50	≤100

资料来源：http：//www. zenshinhoren. or. jp/pdf/English_ Annual_ Report. pdf。

表7－2　日本对中小企业的最大担保额　单位：百万日元

担保类型	个人/企业	合作企业等
一般担保	200	400
无抵押担保	80	80
债权担保	450	—

资料来源：http：//www. zenshinhoren. or. jp/pdf/English_ Annual_ Report. pdf。

（三）信用保证的类型

相对商业性融资与政策性融资，贷款信用保证分为普通保证和特别保证两大类。普通保证即一般的贷款凭证，对担保对象没有特殊的约定。而特别保证是为实施特别政策的配套手段，对利用者的资格条件等有一定的限制，但在财产担保、信用保证收费等方面实行优惠政策。特别保证因政策性融资类型不同而有多个品种，如公害防止措施借款保证、海外投资保证、科技创业保证、企业破产关联保证、灾害自救保证等。特别保证又可以按实施主体分为三类：第一类是国家设置信用保险制度，在全国范围内统一实施的保证，如公害治理、节能对策、海外投资等；第二类是县、市、町、村为了培育本地产业而实施的保证，在对象、行业、期限等方面各有所不同；第三类是信用保证协会为了简化手续而实施的追认保证、限额保证等。此外，信用保证协会还受政府委托并开展全国统一保证制度，实施活期透支限额保证、经营者信用卡贷款限额保证和长期经营资金保证。

（四）信用保证体系

1. 信用保证申请

中小企业向金融机构提出附加保证的贷款申请并且提供相关资料，金融机构对中小企业进行初步审查后，将意向性发放贷款的企业推荐给信用保证协会，并向信用保证协会提出信用保证申请，同时中小企业将拿到信用保证委托书、经营状况申报表等，按要求填写后报送信用保证协会。一般情况下，金融机构为了降低自身贷款风险，将全部意向性放款的中小企业推荐给信誉良好的信用保证协会。中小企业也可以直接向信用保证协会营业窗口或者以间接方式通过工商团体、地方有关行政机关向信用保证协会提出申请，然后经信用保证协会评审同意保证后再推荐给金融机构。

2. 调查评审

信用保证协会收到中小企业信用保证委托申请后，对其进行资信调查。调查的重点主要有以下几个方面：（1）经营者本人主要经历、家庭成员、职业、收入、经营管理水平；（2）企业近年的经营业绩、资产负债比例、债务偿还情况；（3）借入资金的用途、预期盈利水平、债务偿还能力；（4）连带保证人经济实力、抵押资产价值、是否已经抵押。一般来说，小额、定向化、固定化的项目以书面调查和网络信息调查为主，大额及具体情况较为特殊的项目需要实地考察，涉及专业技术的项目需要聘请有关专家参加评审。

3. 信用保证决定

调查人员将评审结果提交由协会理事等人组成的审查委员会，由审查委员会经研究决定是否提供信用保证。经审查决定给予保证时，信用保证协会向金融机构发出信用保证书，金融机构据此向中小企业发放贷款。

4. 代位补偿

如果被保证中小企业发生经营危机，导致不能按时向金融机构还本付息，企业应该向金融机构报告具体情况，并由金融机构向信用保证协会发出事故报告书，说明事故发生的原因以及催收情况。信用保证协会在接到事故报告书后并不是立即向金融机构代位补偿，而是在其后的90天内，一方面了解企业的实际情况，对企业进行经营诊断，寻找原因；另一方面同金融机构商讨可否延长还款期限，增加还款次数以减小每次还款数额，如三方能达成一致意见，还本付息则按照新的协议进行。如果金融机构不同意上述意见，信用保证协会通知金融机构可以发出代位补偿通知书，信用保证协会在30日内向金融机构代位补偿，代位补偿包括尚欠本金、利息以及120日内的利息。

5. 代位求偿

信用保证协会向金融机构代位补偿后，即自动取代金融机构的债权人地位，取得代为求偿权。信用保证协会首先与中小企业商讨改善计划，帮助该企业摆脱危机，然后与中小企业共同制定还款计划，还款期限一般较长，每次还款数额较小。如果发现企业无法继续经营，则要求连带保证人偿还；如连带保证人仍不能全部偿还，则通过法院拍卖抵押财产。信用保证协会收回资金后，要向中小企业保险公库按照其支付代偿金额的比例返还，如接受了损失补偿，也要按照同样的比例返还①。

第二节　美国的小企业管理局贷款项目

一、概况简述

美国是信用担保起步较早的国家之一，也有政策性和商业性两大类担保。

① 党春芳："中小企业信用担保体系的国际比较及借鉴"，《商业研究》，2004年第17期。

作为市场经济较发达的国家，美国信用担保的发展也较为迅速与全面。其商业性担保机构，如马里兰忠诚与存款公司、财务保证保险公司、财务担保保险等在国际上也享有较高的知名度。马里兰忠诚与存款公司提供合同担保、商务担保等担保服务，财务保证保险公司、财务担保保险则提供债券发行担保等公共金融业务担保，以及抵押贷款证券化等结构性金融担保等金融担保服务。美国的中小企业信用担保体系由美国联邦小企业管理局（SBA）、区域性担保机构以及社区担保机构构成，其中美国小企业管理局直接服务于美国的宏观经济政策，区域性担保机构由地方政府经营与管理，主要是针对开展海外贸易的中小企业提供专业性担保，而社区担保机构是针对社区内贫困人员创办的中小企业提供担保业务。总的来说，区域性担保机构和社区担保机构的作用相对于美国小企业管理局来说较小。

美国中小企业管理局成立于1953年，是独立的政府机构，负责向中小企业提供贷款担保计划、管理咨询和培训等服务，以便促进中小企业的健康发展。美国的贷款担保计划由美国联邦政府全额出资，并由美国小企业管理局负责管理。每年末，小企业局向国会报告年度资金使用情况，并向国会申请下年度的财政预算。

美国对小企业贷款担保计划的各个环节进行了明确的规定，保证了担保计划的规范，有效地防范了担保风险。针对贷款担保计划的服务对象，小企业局对借款企业在规模、权益资本、现金流量、流动资金等多方面进行了严格的限制，并根据不同的行业制订了不同的标准。在担保贷款的使用用途上，所获资金必须用于生产经营活动，而不得用于偿还债务、分红和缴纳税款等活动。在担保比例和担保限额方面，当贷款额度少于10万元时，小企业管理局可提供贷款额80%的担保。而贷款额度超过10万元时，只提供贷款额75%的担保，建立风险分担机制。并且，小企业管理局最高可为100万元的贷款进行担保。

尽管美国对小企业贷款担保计划的各个方面进行了详细规定，但美国贷款担保计划却有着市场化程度较高的特点。首先，担保收费比较灵活。原则上来说担保费率为2%，但实际的担保费率可以通过谈判最终确定。其次，小企业管理局运营比较灵活。小企业管理局虽然是政府机构，但实际操作中却在尽力避免行政干预。小企业管理局通过与协作银行合作，授予协作银行一定信用额度，由金融机构在授信额度范围内自行决定担保贷款。

二、小企业管理局的贷款项目

在美国，银行和其他信贷机构提供一系列由小企业管理局担保的贷款项目以扶持中小企业。美国小企业管理局并不会亲自发放贷款，而是为私人和其他机构对中小企业的贷款提供担保。小型企业管理局的担保贷款计划主要包括 7（a）贷款项目、CDC/504 贷款项目、微型贷款项目和救灾援助贷款项目。

7（a）贷款项目是美国小企业管理局帮扶初创和已经成立的小型企业，在通过常规的贷款渠道融资可能面临困境时的最基本和最常用的贷款担保方式，主要包含快捷项目、出口贷款项目、乡村贷款人项目和特殊用途贷款项目这四种类型。快捷项目加快了小企业管理局对中小企业借款人的审核时间，申请人可以在 36 小时内获得回复，同时伴随着较低的贷款利率。小企业管理局专门设立了包含出口快捷贷款项目、出口营运资金项目和国际贸易贷款项目在内的出口贷款项目担保计划，支持小型出口企业出口业务扩张及其发展。乡村贷款人获利项目则是为适应乡村贷款人的特殊贷款流程需要而创立，鼓励其与小企业管理局合作以简化小额贷款的申请程序。特殊用途贷款项目主要用于援助受北美自由贸易协定影响的商业活动、为雇员持股计划提供融资支持并促进污染控制机制的有效运行。

小企业管理局贷款担保计划的另一贷款担保项目——CDC/504，通过认证发展公司为小型企业业务扩张和技术改进过程中的固定资产融资需求提供长期固定利率资金支持。自 1982 年起至 2016 年，美国中小企业的数量增长了 50%，约有 2300 多万家中小企业，中小企业年销售额占比超过了全美年销售额的 50%，贷款总额达 500 亿美元的 504 贷款共创造了超过 200 万个就业岗位，帮助中小企业为社会创造了超过 55% 的就业机会，以其不良贷款率低于 1% 的优势实现了小型企业、参与贷款方和社区共同体的多赢。504 贷款必须用于固定资产，包括购买土地和建筑物、新建或翻新厂房、购买长期设备以及与此相关的用于扩大业务范围的债务再融资等。该贷款的典型结构是中小企业管理局提供项目总成本的 40%，参与贷款方提供项目总成本的 50%，余下的

10%由借款人承担。在一些特殊情况下，借款人需要自担项目总成本的20%。据此，504贷款满足了中小企业高达90%的融资需求，延长了贷款分期偿还期限，提供固定利率贷款以改善中小企业的现金流。有形资产净值不超过1500万美元且过去两年税后平均净收入不超过500万美元的企业有资格申请504贷款。

担保贷款计划中微型贷款项目为需求小额融资和初创或扩大期技术援助的中小企业和非营利性的儿童保育中心设计，通过具有贷款和技术管理经验的非营利性组织等特定的贷款方，为营运资本或者购置机器设备、存货、生产资料等活动提供50000美元以内的短期贷款。该项目平均贷款金额为13000美元。贷款期限根据贷款规模、贷款用途、中介贷款方的要求和中小企业借款人的需要商定，最长不超过6年。

救灾援助贷款担保项目是担保贷款计划的最后一项内容。小企业管理局为因灾害受损的自有住房者、出租人、各种规模的企业，修缮或置换不动产的私营非营利性组织、私人财产、机器或设备、存货和经营性资产，提供低利率长期救灾贷款。其中受灾企业和私营非营利性组织可以申请到最高200万美元的自然灾害贷款用于灾后修缮及重建，并且可以在经小企业管理局核定后获得不动产损失总额的20%的额外贷款以应对将来可能发生的同类灾害。遭受重大经济损失的小型企业、小型农业合作社和从事农业生产的小微企业等能够申请总额不超过200万美元的经济损失灾害贷款以偿还债务。在借款人没有其他信贷来源的情况下这两项贷款的利率都低于4%，否则低于8%。偿还期限根据借款人偿还能力确定，最长可以达到30年。

三、其他政府部门的贷款担保

（一）美国农业部的贷款担保项目

美国农业部（USDA）有多项贷款担保项目，既有面向国内的工商业贷款担保项目，也有为促进美国农产品、食品、农业相关设施及服务出口而对国外购买者提供的出口信贷的担保。

美国农业部推出工商业贷款担保项目旨在通过为促进区域经济可持续发展的优质贷款提供担保，完善民间信用体系，从而改善乡村的经济和自然环境，促进工商业发展并提高就业水平。USDA 为商业贷款提供最高 80% 的担保。

美国农业部短期出口信贷担保（GSM－102）是农业部商品信贷公司提供的出口信贷担保项目，为采用外国银行开立的以美元为计价单位、不可撤销信用证作为结算方式的国外进口商购买美国食品和农产品使用的出口商业性贷款提供担保，担保贷款期限最长为 3 年。GSM－102 项目的担保费以风险大小为收取依据，相同的担保期限，风险越大费率越高。同时，担保期限长短也是影响费率高低的重要因素，相同风险等级情况下，期限越长费率越高。

由于 GSM－102 的担保期限最长为 3 年，为鼓励出口，美国政府提供了担保期限最长为 10 年的中长期出口信贷担保项目（GSM－103）。在这个项目下，农业部商品信贷公司通常为外国银行提供 98% 的本金和部分浮动利率利息的担保，从而促进美国金融机构向外国银行提供基于 LIBOR 的浮动利率贷款。

（二）美国能源部的贷款担保

除了小企业局、农业部等政府部门外，美国的其他部门也提供一些贷款担保项目，如美国能源部（DOE）的贷款担保，美国能源部希望通过融资支持促进清洁能源产业发展。美国能源部设有专门的贷款管理办公室（LPO），LPO 的使命是“作为清洁能源背后的融资力量”。LPO 以加快美国国内创新、清洁能源技术在产业层面的运用为目标，创造工作机会，减少对国外原油的依赖，提高环境质量，提高并巩固美国在 21 世纪全球竞争中的地位。

第三节　我国台湾的中小企业信用保证基金

一、中小企业信用保证基金简介

我国台湾的中小企业是推动台湾经济增长的重要力量。为了提高金融机构对中小企业的信心，促进中小企业的发展，1974 年建立了中小企业信用保证基金，以提供信用担保，促进中小企业融资，协助中小企业健康发展，促进经济增长与社会安定为创立宗旨。基金致力于为中小企业排除融资申请时担保品欠缺障碍，提高金融机构办理中小企业融资业务意愿并配合各项政府政策措施落实，引导中小企业提升生产技术与科技研发能力。1991 年，台湾通过了《中小企业发展条例》，建立起较完善的中小企业信用担保体系。虽然台湾的中小企业信用担保体系起步较晚，但是中小企业信用担保体系发展迅速，已走在世界的前列。

中小企业信用担保体系的服务对象根据企业性质与规模进行分类，保证范围涵盖了绝大多数行业。担保种类主要由一般保证项目和特殊保证项目。其中一般保证项目有包括一般贷款信用保证和小规模贷款信用保证在内的十项保证项目，而特殊保证项目则是为某一类特殊目的而建立的专项基金开展的担保项目。为了信用保证业务的顺利开展，保费收入仅用于弥补相关业务经费而不作他用，台湾中小企业信用保证基金的保费较低，一般约为 0.75%。

中小企业信用保证基金是政策性信用担保机构，承担着扶持全台湾中小企业成长的重大责任，因此其具有规模大、组织健全、员工数量多和专业技术水准高等特点。中小企业信用保证基金实行一级担保机构，并在各地区开设分支机构。保证基金的主要来源是政府出资和金融机构捐款。为了规范金融机构的出资，通过立法手段，明确了金融机构通过捐赠的方式对中小企业信用保证基金进行参股。为了有效防范与化解风险，中小企业信用保证基金建立起完善的管理制度，对担保业务的对象、程序、代位清偿以及不到位清偿等内容进行了详细的规定。另外，为了提高基金的运行效率，担保基金参照了美国小企业管理局，给予协作银行一定的额度，金融机构在授信额度内自主开展贷款业务，由中小企业信用保证基金追加担保。

二、中小企业信用保证基金担保对象

台湾中小企业信用保证基金的适用对象包括中小企业、创业个人以及其他经基金董事会通过并经“经济部”核准的保证对象，可以分为以下三类：

第一类是符合“行政院”核定“中小企业认定标准”的中小企业，不包含金融、保险及特殊娱乐业。所称中小企业，指依法办理公司登记或商业登记，并符合下列标准的企业（不含分支机构或附属机构）：

1. 制造业、营造业、矿业及土石采取业实收资本额在新台币8000万元以下或经常雇佣员工数未满200者。

2. 除上述以外的其他行业前一年营业额在新台币一亿元以下或经常雇佣员工数未满100者。

3. 无下列票信、债信异常企业移送信用保证限制事项：

（1）企业或其关系人使用票据受拒绝往来处分中，或知悉其退票尚未办妥清偿注记的张数已达应受拒绝往来处分的标准。

（2）企业或其关系人的债务，有下列情形之一：

①债务本金逾期未清偿；

②尚未依照约定分期摊还，已经超过一个月；

③应缴利息尚未缴付，延滞期间已经超过三个月。

第二类是创业个人，即在台湾设有户籍，且为所创或所营中小企业的负责人或出资人，包括以下几类：创业青年，即符合“行政院青年辅导委员会”所定“行政院青年辅导委员会辅导青年创业要点”的创业者；创业妇女及中高龄创业者，即符合“行政院劳工委员会”所定“微型创业凤凰贷款要点”的创业者；更生保护人，即符合“财团法人台湾更生保护会”所定“更生事业甘霖专案贷款实施要点”的创业者；新北市弱势民众，即符合新北市政府所定“新北市政府幸福创业微利贷款实施要点”的创业者；就业保险失业者，符合“行政院劳工委员会”所定“就业保险失业者创业协助办法”的失业而自行创业者；台北市创业青年，即符合台北市政府所定“台北市青年创业融资贷款实施要点”的创业青年；经公益团队筛选辅导的创业者，即符合“中国信托慈善基金会”所定“信扶专案创业贷款辅导办法”的创业者。

第三类是其他经基金董事会通过并经主管机关核准的保证对象，包括自有品牌企业、国际专利权诉讼贷款的保证对象、小店家贷款的保证对象、协助天然灾区住宅修缮贷款的保证对象、高级中等以上学校学生就学贷款的保证对象、留学生就学贷款的保证对象、青年海外生活体验专案贷款的保证对象和台北市青年留学生就学贷款的保证对象等。

三、中小企业信用保证基金担保方式

信保基金的送保方式分为间接保证、直接保证和批次保证。间接保证是指通过接收中小企业贷款申请的金融机构向信保基金提出保证申请。直接保证则是中小企业直接向信用保证基金申请信用保证。为配合政府产业政策，加强中小企业融资政策支持，允许具备科技研发、经营管理、市场拓展等能力的中小企业直接向信用保证基金申请信用保证，再以此为据向金融机构申请融资，直接保证的最高保证成数为9成，手续费年费率0.5%以上。批次保证是各金融机构向信保基金提出申请，取得批次保证融资业务承办权，此承办权不限融资额度及办理期限，批次信用保证的最高保证成数10成，手续费0.25%—1.25%。

第四节　印度的小微企业信用担保信托基金

中小企业对印度国民生产总值的贡献率超过10%，并在过去几年取得了长足的发展。为增强信用支持力度、促进小微企业贷款，印度政府推出了信用担保计划（CGS）。政府部门与印度小型工业发展银行（SIDBI）于2000年8月共同成立了小微企业信用担保信托基金（CGTMSE）。该信托基金为成员贷款机构面向包括服务业企业在内的单个小微企业1000万卢比以内的无抵押贷款和缺少第三方保证的信贷安排提供担保支持（见表7-3）。

表7-3　　经营分处数排名前十的主要成员贷款机构

成员贷款机构名称	经营分处数
印度国家银行	622
印度中央银行	95
旁遮普国家银行	75
巴林和科威特银行	70
印度小型工业开发银行	67

续表

成员贷款机构名称	经营分处数
印度海外银行	59
印度轴线银行	58
阿拉哈巴德银行	54
印度银行	52
特拉凡科州立银行	46

资料来源：http：//www. cgtmse. in/List_ of_ MLIs. aspx。

一、担保费与服务年费

对每笔不足50万卢比的信用贷款，成员贷款机构需要向信托基金支付总额为核准贷款金额1%的担保费；核准贷款金额在50万卢比到1000万卢比之间的信用贷款，担保费率为1.5%；包含锡金在内的东北地区的500万卢比以内的信贷安排的担保费率为0.75%。担保费应在成员贷款机构向借款人首次发放贷款的30日内付清。

担保自担保费交付日生效并覆盖相应定期贷款或复合信贷的约定期限。对于向合格借款人提供的营运资金贷款，担保期以5年为限或固定为5年，也可以由信托基金确定。同时，小微企业信用担保信托基金对于不超过50万卢比以及超过50万卢比但不足1000万卢比的担保贷款向成员贷款机构征收服务年费（ASF），费率分别是0.5%和0.75%。信托基金可调整服务年费比率，并规定成员贷款机构于当年3月31日前缴纳该笔费用。

信用担保计划将担保费和服务年费缴费裁量权下放至各成员贷款机构，后者可选择将费用转嫁给借款人或有自己承担。成员贷款机构应当遵守印度银行相关指引，除去服务年费部分的贷款利率以优惠贷款利率上浮三个百分点为限。

二、担保覆盖率和保证上限

信托基金为成员贷款机构的不同贷款对象设置了差别担保覆盖率和最大保

证上限（见表7-4）。担保覆盖范围为贷款违约金额，包含贷款本金和季度利息或为包括利息在内的未偿还营运资本垫款，并以不良资产生成日或提请诉讼日低者为准。其他诸如违约利息、承诺费、服务费或税收等支出不在担保的覆盖范围内。信用担保计划不对任何抵押贷款和第三方保证贷款提供担保支持。信贷基金可以拒绝任何担保申请。

表7-4　　不同类别借款人不同信用额度下的保证上限

类别	≤50万卢比	50万—500万卢比	500万—1000万卢比
小微企业	违约金额的85%且不超过42.5万卢比	违约金额的75%或375万卢比	375万卢比加上违约金额超过500万卢比部分的50%，且总额不超过625万卢比
女性企业家/发生在包括锡金在内的东北地区的贷款	违约金额的80%且不超过400万卢比		400万卢比加上违约金额超过500万卢比部分的50%，且总额不超过650万卢比
所有其他类型借款人	违约金额的75%或375万卢比		375万卢比加上违约金额超过500万卢比部分的50%，且总额不超过625万卢比

资料来源：http：//www. cgtmse. in/schemes. aspx。

三、代偿

一旦违约账户变为不良资产，贷款人应按照信托基金的规定回收贷款、启动法律程序并向信托基金索赔。在要求赔偿之前，需要经过一段18个月的锁定期。锁定期自最后一次向借款人支付贷款或对相应信贷安排的担保生效日起，以时间在后者为准。信托基金赔付担保上限为担保违约部分的75%（对特殊类型借款人该比率上调至85%），其余25%有赖于贷款人债务回收诉讼的结果。

贷款人有义务对贷款申请以及借款人的情况进行审慎评估，选择商业可行的贷款项目，严密监测账户往来，确保其作为贷款偿还“第一保障”处于良好状况。贷款人应当确保索赔符合时效规定并及时预警违约风险，以避免信托基金遭受更大的损失。

信托基金对违约贷款的代偿并不意味着免除借款人对贷款人的偿付义务。发生信用违约后，贷款人有权行使资产接管权，而在索赔最终结清前信托基金享有对资产处置收入的优先受偿权。

第五节 德国的中小企业担保银行

一、概况简述

德国中小企业在其国民经济和社会中发挥着十分重要的作用。德国的中小企业约占德国企业总数的99%，提供70%的就业以及55%的国民生产总值。为了促进中小企业的发展，德国建立了比较良好的中小企业担保体系。德国第一家担保银行成立于1954年，经过60多年的发展，如今德国每个州至少有一家担保银行，带来了颇为显著的经济和社会效益。

德国的中小企业信用担保机构有明显的两个特点：

一是职能定位明确。德国的中小企业担保银行是专业化的商业银行，其职能是为中小企业提供信用担保，特别是那些不能提供足够贷款抵押的中小企业，以帮助其解决融资问题。担保银行的资金主要来自于商业银行、企业工商协会以及国家和州政府通过发行公债募集的资金，而且其业务范围有严格的限制，只允许做贷款担保业务。德国的担保银行为商业银行的合作伙伴，它扩展了其业务范围，同时承担了商业银行的信贷风险；担保银行本身是一个较为完整的体系系统，在国家的监管下有着较高的运营效率；担保银行的主要服务对象是面临资金短缺困境却又无法达到商业银行信用要求的中小企业，为它们的融资提供有力的支持。

二是完善的风险分担与税收补偿机制。经过多年的发展，德国担保银行形成了比较完善的风险分担机制，德国担保银行与承贷商业银行的贷款风险比例约为8:2，当担保银行需要为中小企业代偿损失时，政府会承担损失额的65%，其中联邦政府承担39%，州政府承担26%，而担保机构只需要承担35%，也就是说，担保银行最终只需要承担信贷损失总额的28%，这就是所谓的信用再担保。另外，担保银行的损失率被要求控制在3%以下，一旦损失率超过警戒线，便会采取各种方法进行解决，例如适当增加担保费率、向政府提出提高损失承担比率的建议或者请投资人增加投资。一般来说，德国担保银行的代偿率在4%以下，真正发生损失的概率大约在1%左右。德国联邦政府对担保银行的补偿资金是五年一规划，平均每年约3000万欧元。另外，德国联邦政府为了扶持担保银行的发展，还特别制定了税收优惠政策，规定只要担保银行的新增利润仍用于担保业务，就不需要缴纳任何税费。

二、中小企业保证银行的运作

（一）中小企业担保银行的信用评级

由于担保银行承担的风险比商业银行要大，一般都要对客户企业进行信用评级，不断获取拟保企业全面的信用信息。评级的重点是考察企业的财务状况和未来的发展状况。主要从以下几个方面的因素进行考察：一是财务因素，主要指标是财务状况、收益状况、财力状况等；二是硬因素，如业务关系存在时间、管理层学历等；三是软因素，如企业的发展方向、产品是否符合时代潮流、与银行关系如何等；四是警示因素，即客户历史信用记录及抵押等级。

根据巴塞尔协议的要求，《德国银行监管法》除了对银行自有资产占风险资产的比例作出规定外，对信用风险也提出了相应的要求。对于担保银行而言，为了降低自身的信用风险，需要开展对受保企业的信用评级，并根据企业信用状况的不同而实施不同的贷款利率。

担保银行的信用评级方法与商业银行的标准基本一致，但是由于担保银行承担的风险比商业银行要大，它必须试图获得受保企业的全部信用信息，包括企业的年度结算、业务发展情况、经营管理能力等，评级结果分为从 D 到 AAA 级的 18 个等级。信用评级的结果不仅决定了中小企业能否获得信贷支持，而且也决定着企业所能取得的贷款利率，在中小企业的信贷融资中占有十分重要的地位。

（二）担保银行的贷款利率及担保费率

担保银行和商业银行的贷款利率主要由五方面因素共同决定，包括：（1）再融资成本，即银行获取信贷资金的成本；（2）交易成本，即银行评审、管理贷款的成本；（3）资本成本，即根据巴塞尔协议的要求，对不同信用等级的客户，银行需要提取相应的风险准备金；（4）风险成本，即客户的预期损失；（5）市场升值，即银行的收益期望值。其中资本成本和风险成本与企业的信用等级密切相关，简而言之，等级越高，利率越低。

由于担保银行具有政策性背景，担保费率的收费标准相对比较稳定，主要向客户收取两方面的费用：一是评审费，按保额的 0.75% 至 1.5%，由担保银行直接向客户企业收取；二是担保费，约为保额的 1%，代贷款银行向客户代收。两项加起来不超过 2.5%。当然，担保费率也会因企业所处的行业有所不同而不同，同时也会考虑时效性和安全性等因素。总而言之，担保银行的费率与其所承担的风险相关，风险越高，费率越高，如果超过 2.5% 的界限，超额的部分会由政府承担。

第六节　韩国的信用保证基金和科技信用担保基金

一、韩国信用保证体系概述

韩国的信用担保体系是从 20 世纪 70 年代后开始建立的。目前，韩国比较成熟的中小企业信用担保体系是由韩国信用保证基金（KCGF）和韩国科技信用担保基金（KTCGF）两者共同构成的。这两个担保机构担保对象分别是普通企业和高新技术中小企业。韩国政府正是借助这样“双轨制”中小企业信用担保体系的成功运作，为中小企业融资开辟了全面的服务通道。韩国信用担保机构的建立是以促进中小企业的发展为目的，它的起源可以追溯到20世纪60年代。1961年11月，依据《韩国产业银行总统令》，韩国信用保证储备系统建立。1967年3月，《中小企业信用担保法》设立，中小企业的信用担保业务开始有法可依。1974年至今，《韩国信用担保基金法》经历了14次修订，这期间有三次修订意义重大。1974年12月，《信用担保基金法》发布，确立了基础资产由政府出资和金融机构捐助的政策，明确信用担保的政策性特点；1989年4月，韩国科技信用担保基金从韩国信用保证基金分离出来，专职从事科技类中小企业的信用担保业务；1995年12月，对信用担保业务提供再担保在法律上得到了认可，这提高了整个担保体系的增信能力。

二、韩国信用保证体系特点

（一）完善的法律法规建设

政府通过立法为信用担保体系的安全、有效运作创造良好的外部环境，所立法规包括基本法和专门法两种。基本法方面，韩国政府为促进中小企业的专门化和系列化，于1970年制定了《中小企业专门化和系列化助成纲要》。1975年，韩国《中小企业系列化促进法》颁布实施，该法要求金融机构向中小企业提供更多的贷款支持。专门法方面，1976年，韩国政府建立了以扶持中小企业发展为宗旨的公共信用担保机构——信用担保基金。1987年，设立《新技术企业金融支持法》，促使了高技术信用担保基金会的建立。通过立法规定技术信用担保基金会的目的是为开发和使用高新技术的企业提供特别的融资服务，并为开发新技术的商业性生产中产生的债务提供信用担保。

（二）政府重视财政投入和扶持力度

政府非常重视资金支援，其资金支援分为财政支援和金融支援两部分，其中的财政支援集中体现为政府出资建立信用保证基金和科技信用担保基金。信用保证基金是实行中小企业由政府部门作为流通债务担保的保证基金。科技信用担保基金是为了提高中小企业技术水平，促进中小企业结构调整，支援创建中小企业而筹集运用的资金。除了政府直接投入外，政府同时还加强金融支持。政府设立《特别银行法》，规定除中小企业银行和国民银行专门负责对中小企业金融业务以外，再增加东南银行、大东银行从事中小企业金融业务。并且，法律明确规定这四家银行有义务对中小企业承担更多的服务，对中小企业的贷款比例较其他银行要高。

（三）重视创新，加强对高科技中小企业的信用担保

政府非常注重培育风险投资行业和高新技术中小企业，鼓励中小企业不断提高自身的科技水平。政府于 1999 年 7 月，设立由 500 亿韩元国家预算基金和 400 亿韩元外国资金组成的高达 1000 亿韩元的公共风险基金，并逐年增加。此外，韩国政府还利用世界银行的 400 亿韩元贷款成立了中小企业投资创业基金会，为创办高新技术的中小企业提供启动资金。同时，政府还成立了数额高达 1 万亿韩元的风险企业投资基金，以促进中小企业特别是与高新技术相关的中小企业的发展。政府不但在资金上给予直接的支持，而且在税收、利息等方面也提供了相当的优惠，全面支持高科技企业。从 1996 年到 2001 年韩国技术信用担保基金对高新技术企业的担保占了对所有中小企业担保的很大比例，而且其担保力度呈逐年上升的趋势①。

各国的国情不同，因此中小企业的信用担保体系各具特色，组织结构不尽相同，运作方式也多种多样，但它们都有一些共同的特点：政府在中小企业信用担保体系中处在主导地位，担保机构大都由政府出资或资助组建的，都建立了一套完整的信用担保体系架构，对担保机构的运作，包括基金来源、担保限额、担保费用、担保金补充以及内控制度、补偿责任、再担保机制等都有明确的要求。日本的情况尤为全面完整，三大制度即信用保证保险制度、融资基金制度、损失补偿金制度，成为信用担保体系的支柱②。

---

① 荣舒婷：“韩国发展和完善中小企业信用担保体系的经验及借鉴”，《资本运营》，2005 年第 9 期。

② 曹凤岐：“建立和健全中小企业信用担保体系”，《金融研究》，2001 年第 5 期。

各国尽管担保体系各具特色，但担保体系的政策目标较为明确。目前各国的中小企业信用担保机构大部分属于政策性信用担保机构，都以国家的产业政策与产业发展为导向，不以营利为目的，对担保对象都有明确的规定，对担保机构的行业管理比较规范，制定了严格的准入制度与行业管理制度，建立健全了各项法律法规，如美国的《中小企业法》、《中小企业投资法》，日本的《中小企业信用保证协会法》等。政府对中小企业担保机构进行必要的扶持，如给予免税等优惠，同时也予以必要的监管，对中小企业担保机构予以宏观管理与定期检查。中小企业担保机构在提供担保与融资外，还要监控贷款项目的运行，同时还要提供为企业经营的咨询服务等。

可以看出，在中小企业信用担保体系中政府一直处于中心主导地位，中小企业信用担保体系都有十分明确的计划目标，中小企业信用担保体系普遍建立了分散与规避风险的机制，中小企业信用担保体系是以信用担保为平台的中小企业综合性服务体系，中小企业信用担保体系的建立与运行以完善的法律法规为基础。凡此种种都值得借鉴。

第八章

民族地区区域经济发展与信用担保体系的建设

研究民族地区信用担保体系建设，必须从民族地区的经济发展状况入手，分析民族地区经济发展中的产业与企业，企业是信用担保体系建设中的重要一极。换句话说，要研究企业融资问题，必须深入研究资金的需求者企业，要研究信用担保建设问题，必须对信用担保体系中最终获得资金者企业的情况作深入研究。我们曾在《趋同与融合：民族地区区域经济一体化问题研究》一书中，就民族地区的区域经济发展作了全新的阐释，提出了民族地区区域经济一体化发展构想，并对民族地区区域经济一体化问题进行了系统研究。这里想就其中与本研究相关联的内容择其要阐述，以求能给民族地区信用担保体系的建设研究予以支撑。

第一节 民族地区区域经济一体化下的产业与企业

一、民族地区区域经济一体化的形成与发展

（一）民族地区区域经济一体化的内容与特征

民族地区区域经济一体化，是国家内部区域经济一体化的形式之一，指在

民族地区内按照地缘关系（如地域、流域等）、经济依存度、商品及要素流向、民族文化传统以及社会发展需要而形成的跨行政区划的经济协作和共同发展的经济组合体。

在民族地区范围内按区域经济原则统一规划布局、统一组织专业化生产和分工协作，建立统一的大市场，优势互补、联合协作，连接并形成一个利益共同体。通过一定的组织和协议以及一定的联合方式，实现区域经济的统一规划布局和生产力配置，统一开发区域资源，统一分工协作关系，建立统一的大市场、实施统一的发展战略，实行统一的对外开放政策，联合开发和占领市场，提高竞争力，实现共同的发展目标。民族地区区域经济一体化是通过行政性力量，基于对市场规范的共识，扫除行政壁垒，促进区域内部要素的流动，实现资源的有效配置，最终形成一个统一的地域经济组织，即区域经济共同体。区域政府合作机制体现为：构建一个符合民族地区外部环境和内部条件的、统一协调的市场竞争规则及跨行政区的制度性的组织协调机构。

民族地区经济发展的特色可归纳为以下几点：（1）经济发展速度加快，民族差距不断扩大；（2）工业化发展缓慢，经济处在工业化初期阶段，第二产业快速壮大；（3）畜牧业地位突出，经济作物特色鲜明；（4）能源和原材料工业发展的天然基地，服务业支撑能力差；（5）地区间发展不平衡，城乡间发展离散化；（6）粗放型发展模式，人与自然矛盾尖锐；（7）经济发展外向度低，市场化进程缓慢。受民族地区经济发展影响，民族地区区域经济一体化主要表现在商品要素禀赋的差异与流动而形成区域统一市场，地理区位的相近与产业布局及结构的相似而形成的相同的经济发展状况与水平，以及共同的利益需求、共同的发展目标而形成的统一的开发战略与政策三个方面。区域统一市场、相同经济发展程度、统一开发战略与政策构成了民族地区区域经济运行的主要内容。

市场经济是当前中国经济发展的主导力量，民族地区区域经济一体化是伴随着市场经济的竞争而存在的。由于民族地区在资源、要素、商品与服务禀赋上的差异，使得商品、资源、要素的流动显得十分重要。通过区域内的经济合作，建立统一市场，进行区域产业分工，实现区域交流，改善区域环境，缩小区域发展差异，在优势互补、利益共存的基础上实现资源的优化配置，从而推动区域经济的协调发展。

我国民族地区与国内其他地区相比，市场化程度偏低，产业结构趋同，经济发展滞后，其原因：一是地理环境的偏远与封闭，民族地区主要集中在南方的喀斯特地区、牧区、黄土高原地区以及山区，远离国内中心市场，交通、通讯相对落后，信息不灵；二是自然条件恶劣，民族地区分布在西部、中部的过渡地带和边缘地带，这些地带地质构造复杂，自然条件恶劣，自然灾害频繁；三是社会发育程度低，生产方式相对落后，教育落后，劳动者素质普遍较差，存在“人口的高出生率与人口素质的低化”现象和“人口增多而经济减弱”的矛盾。民族地区区域经济一体化有着共同的区域空间、相近的地域条件、相似的产业状况、相同的价值取向以及丰富多彩的民族文化。有关理论认为，区域经济的差异度与区域经济的合作紧密度一般呈反方向关系，相差越小，相近越大，其紧密度就越强，而相差悬殊越大，区域经济合作的紧密度就越低。共同的区域空间也意味着必须具有能发挥较强聚集、扩散作用的经济中心、经济腹地和网络经济，从而使区域经济合作更为有效。

民族地区区域经济一体化不仅是从资源分布梯度和经济发展水平梯度的角度展开的，更是建立在利益趋同性基础之上的。区域经济合作是利益驱动下的一种战略性选择，获得经济利益的双方共同发展与繁荣是区域经济一体化的动力源泉，没有经济利益的区域经济合作是不会发生的，即使出现，也是短命的、不长久的。民族地区由于生产要素禀赋上的差异及要素总是向效益高的地区与行业流动，其相对优势与要素禀赋价值如何转化为经济优势，推动本地区经济的发展，是民族地区共同面临的任务。变资源优势为经济优势，改变民族地区经济落后性与依附性状况，这是民族地区共同利益的选择。因此，共同利益取向、共同经济发展目标，成为民族地区推动区域经济一体化的动力。

我们提出民族地区区域经济一体化，不是将民族地区经济发展放置在一个相对狭小的区域内，来保护它的封闭性与落后性，而是将其放在中国整体经济发展乃至世界经济发展的格局中去研究。要充分发挥其相对优势，实现民族地区经济联合与合作，充分利用其资源等比较优势，进行对内对外开放，消除一切阻碍商品、要素流动的障碍，实现区域内资源的优化配置。民族地区区域经济一体化是多层次、多形式的，既有民族区域内的一体化合作，又有全国范围的一体化合作，还有相邻地区的“跨区域”和“次区域”合作。

（二）实现民族地区区域经济一体化发展的措施

民族地区区域经济一体化是民族地区经济发展的取向与趋势，其目标的实现与完成，需要有一个过程。在一体化过程中涉及许多方面的问题与困难，其实施必须有重点、分层次、划阶段。

1. 强化市场配置资源的决定性作用

由于经济发展的不平衡性与要素自然禀赋的差异，要素的运行机制合理与否直接影响着经济增长与发展。现代经济中要素机制的建立，主要是以其流动与效率为主要目标的，也就是说，要素的自由流动与有效配置是其运行机制的核心内容。生产要素的流动与配置方式有市场机制与非市场机制之分。前者是一种自发过程，它主要通过价格杠杆来进行调节；后者则主要通过政府及有关组织，是一种自觉过程，是政府及组织通过计划、规则与协定来有意识地进行调节的。而要素的自由流动则主要是通过市场来实现的，有效配置则是在“市场有效”与“有效干预”的不断博弈中获得的。一般而言，流动是前提，只有资源要素向效率高的行业、部门流动，才能最终实现其有效配置。因此，建立流动自由与配置有效的要素市场，是民族地区区域经济一体化发展的首要举措。

首先，培育市场主体，建立现代企业制度。构建市场经济的主体，是社会主义市场经济体制的基础工作与核心内容，离开了具有独立经济利益和自主经营的市场经济实体——企业，市场机制就缺乏载体，也就没有市场经济可言。而现代企业制度是与市场经济发展相一致的企业制度，其核心就是要建立法人治理结构，而规范的法人治理结构就在于：在所有权与经营权相分离的背景下，形成一套有效地选择经营管理者、激励与约束经营管理者的机制，以及适应现代市场经济要求的企业经营制度。随着市场经济体制的确立，特别是民营企业的出现与成长及国有企业的建立现代企业制度的改革与发展，中国的企业开始或初显现代企业的内容与成分，企业也开始以市场化经营为其经营目标。但是受非均衡发展战略的影响，广大民族地区的市场化进程还比较缓慢，表现在企业制度方面存在着三大差异。一是企业的所有制结构上，民族地区国有经济的比重过大，非国有经济发展比较缓慢，国有企业转型转制严重滞后。二是现代企业制度的改革与建设缓慢，产权制度改革与科学管理制度的建设也严重滞后。由于“三线”建设时期形成的军工重型结构，包袱重，转换能力弱，转让、出售、转制速度不快，一些地方性的中小企业改制也因此步履维艰。三是在企业的经营目标与分配制度上，过分地强调稳定与倾斜，改革力度不大，企业有较强的外部依赖性。再加上企业经营中观念陈旧、管理落后、资金短缺、结构不合理、规模小、档次低等问题，企业的效率不高也是难免的。因此，必须加快民族地区建立现代企业制度工作的速度。

其次，完善市场体系，加快要素的流动。市场化的区域经济一体化发展依赖于完善的市场体系，完善的市场体系不仅包括多样、流动、分散、易变的商品市场，而且包括劳动力市场、资本市场、技术市场、土地市场等要素市场与产权交易市场。市场建设不仅包括有形市场的建立，更为主要的是市场机制的建设。在推进民族地区区域经济一体化发展的进程中，要扩大与规范产品市场的范围空间与运行机制，打破地区封锁与各种壁垒，扩大商品交易的品种与范围；要建立适宜劳动力流动的劳动力市场，拆除阻碍劳动力人才流动的篱笆；要建立适宜资本流动的资本市场，积极推进市场化利率政策，加速资本的流动。资本要素短缺是民族地区区域经济发展的突出问题，在中央财政及国家政策银行加大投入的同时，要大力培育与发展民族地区的资本市场，尤其要拓宽民族地区对内对外直接融资渠道，优先支持民族地区的基础产业与资源型企业的资金需求，放宽与加大民族地区企业筹融资的规定和力度，不断寻求国际资本市场的支持。在市场体系建设中，必须重视市场的法制建设，建立健全市场运行的法律、法规，要加大市场法制化建设的力度，规范市场主体的行为。特别强调的是，要加强统一市场的组织建设与基础设施建设，充分发挥企业和中介机构在区域经济发展中的作用，建立沟通区域间经济联系的现代市场网络，充分发挥市场的空间优势作用。

最后，理顺、规范政府与市场的关系。认识到市场不是万能的，市场有时也会失灵，市场也存在缺陷，比如公共产品的生产与供给问题，市场微观主体的外部效应问题，过度竞争与集中引起的市场垄断问题以及信息的不对称、不完整，市场的不完全、不规范，宏观经济总量的不平衡等问题，都要求政府必须予以介入干预。特别是在民族地区区域经济的发展中，区域间行政区划及区域发展中的区域保护政策会造成市场的分割与壁垒，形成区域发展的差异与不平衡。由于历史沉淀与政府导向上的差异，再加上民族地区经济发展中多元化与复杂性，政府的介入与干预更具有效应。同时，我们也必须明确，政府的介入与干预要严格限制在市场失灵的领域，政府不能替代市场，政府的活动要立足于非营利性的公共产品的生产与供给领域，要着眼于市场失灵“缺陷”的纠正、市场运营规则的制定与市场秩序的维护，干预经济的方式主要是采取经济手段调控经济运行，对经济运行实行计划指导与宏观调控。

2. 发挥投资对区域经济发展的乘数作用

区域经济发展的经验告诉我们，经济发展相对落后地区要实现经济的跨越式发展，必须重视和解决好投资问题，区域投资规模与布局直接影响着区域经济的结构、规模与增长。

客观地讲，不论是在传统计划体制下的均衡发展战略影响下的国家对西部工业布局中诸如“三线建设”时期的资本投入，还是自“九五计划”特别是2000年实施的西部大开发战略下国家对西部开发的资本投入，都是富有成效的，形成了广大西部的基本工业格局和基础产业与基础工业的发展。但是，受制于西部经济落后与政府投资的局限，再加上西部工业化进程中的强大资本缺口，投资的规模与效益依然存在着不少问题，投资“短缺”与“饥渴”症状依然较为突出，政府的投资没能很好地发挥其“挤入效应”，相反，在有些领域甚至带来“挤出效应”。西部投资的情况，是总体规模不大，政府投资是投资的主体，民间投资的规模及外资利用规模还小。必须对投资引起足够的关注。

加大与优化国家财政资金的投资规模与效应。建立规范的财政转移支付制度，逐步加大中央对民族地区的财政转移支付的力度，提高民族地区自治地方政府公共产品的生产与供应。利用政府的信用，通过发放债券及向外国政府及组织举债的方式，组织更多的资金，加大对民族地区基础设施和生态环境建设的投资，加大对重点工业发展区与边疆开发区工业的基础设施的投入；加大对优势资源产业与特色产业的投入。借鉴国外政府支持落后地区开发以及国家对东部沿海地区战略发展的经验，采取财政贴息、低息、减免税收等政策优惠，诱导民间资本与外资参与民族地区经济发展项目的建设。积极发展政策性银行信贷资金的优势，国家三大政策性银行要继续加大对民族地区的投入。积极争取世界银行等国际金融组织的贷款项目，政府要简化手续，适当放宽担保条件。大力发展项目融资，放宽项目融资的政策限制。允许民族自治地方政府发行地方债券和大力推行资产证券化业务。

优化投资环境，吸引民间资本与外资投资。从历史发展观点看，世界上至今没有哪一个国家能够依靠中央政府财政的投入来改变一个地区的贫困落后的境况。这方面失败的情况很多，相反成功的区域开发与发展都概莫能外地由中央政府财政诱导民间资本参与开发，发挥其挤入效应。通过对基础设施的投入、投资环境的优化、扶持政策的配套以及增加教育与人才培养等，吸引更多的民间资本进入到民族地区区域经济开发与发展中。要规范政府行为，规范市场运行规则，保证司法公正及在土地、劳资、社会保障与社会治安等方面制造一个良好的投资环境。民族地区的自治地方政府还应该注重人文环境的建设，把悠久的富有特色的民族文化演化为吸引投资的优势。进一步开放外商投资项目，在引进外资方面要树立“民族经济转向全球经济”、“政府变小，企业变大”和“按照国际惯例运作”的整体观念，实施“点开放、线开放、面开放、体开放”的总体开放战略，形成可持续发展的开放的机制。

3. 实现区域政策的倍数作用

区域政策是政府干预区域经济发展与区域经济关系的主要工具，是政府公共政策的一个主要组成部分，是经济发展空间格局发展到一定阶段的产物。区域政策致力于解决区域问题与协调区域利益矛盾。民族地区在区域经济发展中，应在一体化经济发展的总体目标要求下，以深化改革与区域推动为动力，以可持续发展为主线，从产业发展的互利性与整合性特点出发，加快产业间的合作与协调，发挥产业优势，提高整体产业水平。从区域资源和生产要素的流动性与聚集性特点出发，充分发挥区域内中心城市与重点地区经济的聚集与扩散功能，形成空间广阔的区域经济协作体系，促进民族地区经济的协调发展。从民族地区区域经济关系的依存性与融合性特点出发，不断加速区域内外的产品、资本、人才、技术、信息等要素的交流与传输，使区域经济的运转步入有序发展与协调平衡的轨道，建立和谐的区域竞争与合作关系，保障区域经济的持续协调发展。从区域政策环境的无差异性与协同性特点出发，构建低成本的兼顾效率与公平的区域政策体系，减少经济发展中的冲突与矛盾，以机制创新与市场建设为手段，充分发挥市场的决定作用与政府的理性干预政策的作用，构建民族地区区域经济发展一体化体系，实现民族地区经济的可持续协调发展。在民族地区区域经济一体化发展中，各级政府要发挥其组织协调职能，完成由“无限政府”向“责任政府”和“作为政府”的转变。政府的职能应切实转移到规范市场，消除区域内产品、要素流障碍，改善区域的投资软环境，保护地区平等竞争与公平合作；进行基础设施等公共物品的建设与环境生态保护的区域协调；制定产业规划与产业发展政策，确立区域分工、定位，引导产业的有序发展与布局；协调效率与公平的矛盾，推动区域经济共同发展。

二、区域经济一体化的产业及企业

（一）区域经济一体化下产业特征

民族地区的经济总量规模自新中国成立以来，特别是改革开放30多年的发展，有了很大增长，为西部大开发奠定了良好的基础。但民族地区的产业结构与全国的产业结构仍有相当的差距，虽然都同属于“二、三、一”型产业结构类型，但优化升级所需的调整时间要比全国长，困难程度要大，而且产业结构的优化升级直接影响到全国的产业结构优化升级进程。我国民族地区的产业，目前主要具有以下特征。

1. 产业结构层次较低

第一产业比重较高，第二产业比重较低，工业化水平明显低于东部和中部。单就工业结构而言，采掘工业和原材料工业比重高，高附加值的制造业特别是高新技术产业比重低，带有明显的资源型结构。第一产业中，粮食生产比重大，农业产业化远未形成，靠天吃饭局面仍未改变；第三产业中，低层次传统服务占有很大比重，现代服务业严重不足。民族地区的状况更是如此。改革开放以来，随着产业梯度演进理论的盛行，民族地区主动接受了相当数量国内较发达地区和西方工业发达国家转移出的产业，但这些转移的产业层次多半不高。西部大开发的起点虽然较高，但民族地区的产业层次总体较低，民族地区工业技术老化，产业结构畸形，基础设施薄弱，自我积累能力差，储蓄率、投资率和人均投资额均落后于全国平均水平。

2. 产业规模小

民族地区除了自给自足的产业外，相当一部分产业需要到国内发达地区乃至国外开拓市场，以改变现状增加产业的规模。产业结构素质较差是民族地区与全国经济发展水平差距扩大的重要原因，提升产业素质是缩小民族地区与全国经济发展水平差距的核心内容之一。加快民族地区开发的关键是要加快产业结构的调整和升级，推进其工业化进程。民族地区的产业结构只有早调整、早升级、早优化，才能早脱困、早主动、早受益。

3. 新兴产业成长缓慢

民族地区新兴产业成长缓慢，服务业和高科技产业发展滞后，尚处于形成初期。由于民族地区城镇化水平较低，农村人口较多，加上受当地自然条件的制约，使民族地区对第三产业的需求相对较少，制约了第三产业的发展。同时，目前民族地区绝大多数居民的生活水平不高，人均收入比较低，人们的消费结构中，用于吃、穿等支出所占比重较大，也制约了第三产业的发展。高科技产业属于高投入、高风险、高回报的产业，民族地区由于资本市场发育不完善，使企业直接和间接融资都非常困难，资金的“瓶颈”作用和高素质人才的缺乏，制约了高科技产业的快速成长。

4. 过度强调资源开发

民族地区的经济规划和经济发展战略过分强调以资源开发为支柱的单极型经济，而忽略了民族经济的多型性。针对产业结构层次较低、产业规模小、产业结构素质较差、传统产业占据主导成分等现状特征和问题，民族地区产业发展的根本途径应当是用产业链将目前层次低、规模小、结构差的产业整合起来，将各地区的优势通过整合实现互补。在经济全球化的背景下，我国民族地区产业链的整合可以是区域内的整合，也可以是跨区域的整合，还可以是跨国界的整合。要明确产业链整合的主体，确定整合围绕的产业，研究怎样进行整合，以及实现整合所必需的环境和条件。

（二）产业发展趋向

首先，要发展资源型产业。来自大自然的天然禀赋，给我们提供了发展民族地区区域产业的“地利”，但是长期以来粗放式的资源型企业和资源型产业的规划和发展已经向我们提出了警示。因而循环经济的设计和实现，将是拥有“地利”的民族地区在产业发展中的长期战略。以环境友好的方式利用自然资源和提升环境容量，实现经济体系向提供高质量产品和功能性服务的生态化方向转型，力求生态经济系统在环境与经济综合效益最优化前提下的可持续发展。

其次，实现开放式的跨界产业链整合。我国沿边少数民族地区地域辽阔，地处偏远、地广人稀。由于受山川、江河、莽原等不利因素的阻隔，其经济区位处于较为不利的位置，远离内陆中心城市，远离主要交通干线，远离国内主要市场，加之基础设施薄弱，社会生产力发展水平相对落后等，因而其在资源市场与产品市场竞争方面都处于相对困难的境地。为此，沿边少数民族地区经济社会发展就应主要着眼于外部世界，着眼于与周边国家的经济贸易往来上，尤其是着眼于与我国毗邻交界地带国家经济贸易往来的扩大和发展上。

积极推进民族地区产业的升级换代。民族地区不能走传统的发展道路，必须实施跨越式的发展战略。要实现民族地区跨越式发展的战略目标，必须走新型工业化道路。尽管民族地区在发展阶段上滞后于发达国家和我国的发达地区，但其现阶段的发展完全可以运用处于更高发展阶段的国家和地区的信息化成果，以信息化带动工业化的发展，以工业化促进信息化的进程。利用现代科学技术和信息化的成果改造民族地区的传统产业，提升民族地区产业结构，提高民族地区的产业竞争力，实现西部跨越式发展。

（三）区域经济一体化的企业

民族地区具有极强的环境优势，丰富的矿产资源、可利用水资源、广袤的土地和草原使得以采矿业、畜牧业、旅游业、医药业等产业为代表的资源型企业发展迅速。资源型企业以实现循环经济为发展目标，以资源的高效利用和循环利用为核心，按照“减量化、再利用、资源化”为原则，以推进资源节约、资源综合利用和清洁生产为重点，以“低消耗、低排放、高效率”为基本特征，符合可持续发展理念的经济增长模式，是对“大量生产、大量消费、大量废弃”的传统增长模式的根本变革，倡导的是一种建立在物质不断循环利用基础上的经济发展模式，组织成一个“资源—产品—再生资源”的物质反复循环流动的过程，整个经济系统以及生产和消费的过程基本上不产生或者只产生很少的废弃物。

资源型企业积极拓展第一、第二、第三产业联动的生态产业链格局。全面推进以建设高产稳产农田为目标的农田生态建设工程，以治理水土流失、土地沙化等为主的生态环境综合治理工程，以林果业建设为主的农林复合系统建设工程，以畜牧业建设为突破口的农牧结合型生态建设工程，以水面及湿地资源开发为主的种养结构型水面综合开发建设工程，节能、增能、多能互补的能源综合开发工程，以沼气为纽带的物质循环利用型能源生态工程，以防治“三废”等环境污染为主的环保工程，以无公害农产品和绿色、有机食品开发等农副产品加工利用及储存保鲜为主的乡镇企业发展工程和庭院生态经济工程等。资源型企业依靠天然的环境和资源优势，大力发展资源再生产业，在全社会树立循环经济观念，建设废物处理和回收利用的系统工程。坚持源头控制与末端治理相结合、集中处理与分散处理相结合的原则，切实做到废物减量化、资源化和无害化，通过资源—废物—资源循环经济链提高废物综合利用率，从而根本性改变高消耗、高废弃、高污染的传统经济增长模式，实现生态经济系统的协调可持续发展。

但是，民族地区的资源型企业正面临着高耗能和低附加值的问题以及资源短缺的巨大环境威胁，西部地区较为缓慢的经济发展速度和较为封闭的对外联系也使得企业数量少、规模小、盈利能力较差、技术含量低、厂房以及设备等固定资产条件差。企业资金缺口大，经营困难，风险加大。民族地区企业缺乏足够数量的高素质人才，人才队伍的总体素质较低，长期面临人才短缺的问题。

民族地区企业需要通过循环经济生态产业的长足发展，因地制宜推广各种保护自然资源与生态环境的技术，实现资源合理永续利用，从而将区域性资源优势转化为经济优势，加快替代产业开发步伐，振兴地方经济，缩小东西部差距，促进整个国家的经济腾飞。重建能源工业的自然平衡，实现从“能源耗竭型”经济向“能源再生型”经济的转型，着重风能、太阳能、地热资源等可再生能源的开发利用。调整能源结构，充分利用地区风力资源发展低成本、高效能的以风能、氢能为引擎的绿色电力，逐步取代煤矿、油田和石油精炼厂等环境破坏型工业生产[①]。

第二节　我国信用担保机构的建立与新模式探索

我国中小企业信用担保体系建设的实践，主要是根据原国家经贸委发布的《关于建立中小企业信用担保体系试点的指导意见》提出的“一体两翼”模式展开，就是以政策性担保机构为主体、商业性担保机构和互助性担保机构为辅的信用担保机构运行模式。

一、我国现有中小企业信用担保机构实践

（一）政策性担保机构

政策性担保模式是政府间接支持中小企业发展，缓解中小企业融资困难而采取的一种担保贷款模式，主要是为符合国家产业政策以及国家扶持鼓励对象的中小企业贷款提供担保的模式。该模式的运作，一般由政府出资或者政府参与出资设立，其担保机构具有独立的法人资格，实行公开市场化运作，并接受政府的监督。政策性担保模式的资金来源主要是政府的预算拨付，以及政府划拨的土地使用权和其他经营性及非经营性国有不动产，还包括社会募集资金、民间资本的投资以及国内外单位或个人的捐助。

政策性担保分为全国政策担保、省级政策性担保和市级政策性担保，它们主要为下一级担保项目提供再担保工作。其中，国家级政策性担保主要为省级

① 梁积江：《趋同与融合：民族地区区域经济一体化研究》，中央民族大学出版社，2008 年。

政策性担保项目提供再担保服务；省级政策性担保为市级政策性担保项目提供再担保服务；市级政策性担保为市级商业性担保项目以及互助性担保项目提供再担保服务，同时也直接受理符合国家扶持激励政策的市级中小企业的担保贷款服务。

这种担保模式的优点在于：担保机构资信良好有较强的信用保证。当企业发生贷款违约时，首先由担保机构向贷款人代偿。政策性担保机构实力雄厚，有政府财政为背景，资本补充能力强，且与政府关系密切，必要时获得政府支持的可能性较大，代偿风险承担能力强，因此将贷款违约风险传递给贷款机构或个人的风险非常小。正是由于政策性担保机构这种明显的优点，政策性担保容易得到银行的支持合作，进而高效率地促成中小企业担保贷款活动，并且在合作中能够处于一个相对平等的地位。同时，随着资本实力增强，政策性担保机构越来越多地参与资本市场担保业务，其资金实力与持续经营能力有利于资本市场的健康发展。

但这种担保模式的缺点在于：申请政策性担保贷款的条件较为严格。一般为国家鼓励支持的高新技术企业，符合国家产业政策导向及其他相关要求的企业，才能有资格获得政策性担保机构的担保。另外，政策性担保机构虽然是市场化运作，但是由于其是政府出资，有一定的政府背景，在其运作过程中难免会出现政府部门对担保机构的市场化运作的干涉，更多地体现政府的行为导向。

2005 年 6 月，菏泽中小企业担保有限责任公司由政府出资并牵头成立，实收资本金 5000 万元，其中财政出资 2400 万元（为山东省扶贫资金划拨），洪业化工、广源铜带等 7 家企业出资 2600 万元。公司章程规定，经营宗旨坚持以产业政策为导向，支持中小企业发展，不以营利为目的。由于股权性质，使得菏泽担保公司既具有商业性质，又具有政策性质。为了使担保公司经营不偏离方向，政府决定由国资委等部门审核其年度工作计划；同时为了在政策指导下实现担保公司的商业化运作，菏泽担保公司聘请了两名有丰富信贷经验的银行退休信贷人员担任经理人员，严格按操作规范开展担保业务，业务经营不受任何部门的干涉，只接受财政部门的稽核、监督和检查。在具体业务操作中，银行贷款担保杠杆率最大为 5 倍，每年度政府财政对公司实行坏账补贴，以实现担保公司资本金的可持续，业务品种除为银行信贷提供担保和为被担保企业提供“过桥”贷款两种外，不得开展其他业务。为保障担保公司的安全经营，菏泽市政府在菏泽担保公司成立的发文通知中，要求各有关部门切实降低相关收费标准并对其业务开展提供必要的帮助和支持。菏泽担保公司自成立以来，先后与辖内农业发展银行、中国银行和农村信用社建立了合作关系，对每一笔业务担保公司承担100%的代偿责任，担保费率一般为1.05%，“过桥”贷款执行利率为6%。在与企业合作中，担保公司采取会员制，企业先入股成为会员，具备会员资格后，担保公司再为入股会员提供银行信贷担保服务和“过桥”贷款。

（二）互助性担保机构

中小企业互助性担保是由当地工商联、私营协会或者中小企业自发组织成立的。互助性担保机构具有独立的法人资格，实行会员制度，不以营利为目的。互助性担保模式仅对该担保机构的会员企业提供担保服务。互助性担保机构成立后，当地的中小企业也可以申请加入由互助性担保机构决策机构审核成为其会员，享受该模式的贷款担保服务。该模式资金来源主要是其会员企业的出资，还包括民间资本投资以及国内外捐助等。

这种担保模式的优点为：互助性担保机构由当地企业共同出资成立，在选择会员时就会对其基本情况、主营业务、企业营运情况、资本实力、企业发展状况、资信状况等多个方面进行严格考核，选择资质良好的企业加入成为会员，这就直接降低了担保贷款的风险。中小企业互助性担保机构能够有效地解决信息不对称的问题，它可以通过互助担保基金的“硬担保”和相关制度安排，取信于合作银行。同时特定区域内的互助担保机构的成员之间联系密切，关系熟悉，较为了解彼此之间资信状况、经营状况及发展前景，能够不断地吐故纳新，吸引更多的优质企业加盟，不断壮大互助性担保机构实力。此外，互助性担保机构还具有运行成本低、经营灵活、组建容易的特点。

这种担保模式的缺点在于：互助性担保机构由其会员共同出资设立，并且在管理运作过程中会有诸多困难。担保资金规模一般较为有限，能够放大的担保贷款也因此受限，一般仅为会员企业担保，担保的作用有限，难以协调各会员担保贷款需求的满足，容易发生会员企业与担保机构管理部门的道德风险，难以制定相对公平有效的管理担保机构和其会员的担保申请活动的运行制度。互助性担保机构的担保资金一般规模较小，经营实力弱，导致受益企业的比例偏低，对中小企业担保的总体支撑力度较小，不能有效地满足中小企业的融资担保需求；不仅如此，其担保品种单一、期限较短（一般在一年以内，大多数为 6 个月）、风险分散能力弱，加上缺乏专业的经营团队与现代的经营理念、银行等合作金融认可度等问题，致使其很难成为中小企业信用担保体系的主要担保机构。

面对中小企业融资困难的问题，山东省东营市利津县农业局借鉴农户联保体的经验，于 2007 年底，由利津县农业局牵头，金融机构协调，引导组织县级以上农业龙头中小企业 23 家发展潜力较大带动能力强，但融资比较困难的企业进行宣传发动，征求意见，按照成立联保组织的程序，经全部参选企业投票推选后，最终决定其中 6 家为首批成员单位，成立了利津县第一家农业龙头中小企业贷款联合担保组织。通过农业局、各金融机构以及企业的谈判、协商，最终制定《利津县农业龙头中小企业贷款联保组织章程》，对贷款联保组织的宗旨、工作范围、组织机构、成员企业的权力与义务、担保程序、管理与议事规则、所承担的责任等事项都作了详细规定，明确了贷款担保、款项用途监督、还贷运作程序和注意事项，以确保联保组织的规范运作。经过中国人民银行利津县支行积极协调，联保组织得到了地方政府及部分金融机构的认可。自 2007 年底成立以来，涉及贷款金融机构 2 家，农业中小企业 10 家，2012 年，已联合担保贷款 11000 万元，至今没出现过任何信贷风险。2009 年中国人民银行利津县支行与县农业局在联合调研的基础上，联合出台了《关于鼓励发展涉农贷款联合担保组织的实施方案》，报送县政府有关部门并下发各乡镇农业部门，广泛宣传联保组织的有关内容、成立的作用及具体操作做法。按照成立联保组织的程序和条件，符合条件并自愿加入联保组织的，首先以书面形式向县人行、农业局提出申请，提供相关的申报材料，经严格审查和联合考察后，按照推选办法，组织各申请企业进行投票推选后，方可加入农业中小企业贷款联保组织。

方案出台以来，中国人民银行利津县支行会同政府部门积极组织协调县内纺纱、农副产品加工、种植、养殖、储运等涉农企业组建企业信用联盟。至2012年12月末，全县共成立信用联盟14个，其中企业信用联盟体7个，涉及联盟企业28家，对企业授信额度10650万元，累放贷款8930万元，累计办理银行承兑汇票1100万元。

《关于鼓励发展涉农贷款联合担保组织的实施方案》出台后，通过宣传及发动，部分中小企业纷纷申请，积极争取参与，支持县域担保机构快速发展。全县担保机构由原来的2家发展到目前的7家，截至2012年末，共为辖区农业中小企业提供担保融资1.52亿元。截至2012年12月末，全县农业产业化经营组织发展到197个。其中，固定资产过100万元的农产品加工、销售企业105家（其中省级农业龙头企业6家、市级12家、县级14家），年销售收入500万元以上的农业龙头企业80家，农民专业合作社、协会等中介组织51家，年交易额5000万元以上的农产品专业批发市场4家。全县蔬菜基地发展到10.3万亩，食用菌大棚1360个，海淡水养殖面积25.75万亩，标准化畜牧养殖小区149个，优质棉基地达到56.5万亩，冬枣基地2万亩。全县有40%以上的龙头企业与农户建立了相对稳定的合同关系，各类农业产业化组织带动发展基地60余万亩，占全县总播种面积的70%以上；交叉带动农户5.8万户，户均增收1000余元①。

（三）商业性担保机构

商业性担保模式是商业性担保机构常用的担保模式。商业性担保机构一般由企业或者个人出资组建，也有国有独资的商业性担保公司。该模式实行商业化运作，以营利为主要目的，在提供融资担保的同时兼营投资以及中小企业的管理咨询服务等其他商业业务。其资金来源比较单一，主要是投资人投入的资金。商业性担保模式面临的融资担保项目大都是未能满足银行资信条件的项目，相对来说具有较高的风险。因此，现行的商业性担保模式运作中，为降低担保风险，担保机构通常会要求贷款企业提供相应的反担保措施，比如房产抵押、第三方保证等。由于商业性担保机构自身实力相对较小，在担保融资过程

---

① 石文华："探析农业中小企业互助担保模式的弱质性——山东省利津案例分析"，《金融经济》，2013年第4期。

中，其很难获得银行的协作，难以通过自身为企业的担保使企业从银行获得融资资金。根据担保项目的不同，商业性担保机构担保费用的收取一般在2%—6%之间。此外，贷款企业还要承担整个融资担保过程中发生的其他融资费用，例如，反担保品价值的评估费用、担保合同的公证费用、办理抵押贷款的抵押手续费等。显然，这无疑加重了企业的融资成本。

这种担保模式的优点在于：高效专业的商业化运作模式，避免了外来因素对其自身运作的干预，为担保机构日常业务的运作提供了良好的环境。商业性担保模式充分考虑了中小企业贷款需求量少、借款期限短、要款比较急，借款相对频繁的特点，为其提供快速、便捷的贷款融资服务，一般一个担保项目从对企业的调查到企业获得贷款，在相关资料齐全以及融资方和出借方配合的情况下很快就可以完成。商业性担保模式以营利为主要目的，自负盈亏。受利益的驱使，商业性担保机构更具积极性去寻找良好的担保项目，并且在风险控制方面更加严谨，以使贷款违约带来的风险损失降到最低。其商业化的运作，带来了经营上的灵活性，业务创新，产品创新，更好地体现了为中小企业服务的特质。

缺点以及存在的问题：商业性担保机构资金实力相对较弱。商业性担保机构很少有政府或者其他机构资金的支持，承受风险的能力较小，因此，难以得到贷款机构或个人的认可和支持。在担保贷款中，与贷款机构或个人地位不平等，商业性担保机构往往处于弱势地位。商业性担保机构很难获得银行的协作，即便获得了几家银行协作，在合作中也常常处于非常弱势的地位。例如银行往往要求担保机构承担绝大部分甚至全部的违约风险，增加了商业性担保机构的负担。由于高风险低收益的不平衡性，加上缺乏一定的资金及风险补偿支持，为了获得更高的收益，平衡收支实现利润，商业性担保机构会将担保资金挪作他用，投入到一些较高风险的领域试图获得高收益，但是这样做无疑很大程度上增加了商业性担保机构自身的运作风险，威胁到了商业性担保模式的正常健康的运行。由于高风险高收益的利益驱使，相关部门监管的缺乏，以及自身自觉性不足，一些担保机构违规操作，出现非法吸收社会闲散资金，以及从事法律规定担保机构不能从事的直接对外贷款等金融业务。

商业性担保机构的巨头之一——浙江中新力合担保有限公司创新设计了小

企业集合信托债权基金。所谓的集合信托债券基金，就是由信托公司发起信托计划，所发行的信托产品由政府财政资金（或专项引导基金）、社会理财资金、专业机构资金共同认购，并将所募集资金投向经筛选的优秀小企业的融资方式。由于资金来源多元化，成批操作，企业融资成本低（政府财政资金和专项扶持资金的加入）等优点，集合信托债券基金受到了广大文创中小企业的广泛认可。

2008 年的经济寒冬就给了“中新力合担保”一个证明自己的机会。它承担了由省金融办和省中小企业局发起的“小企业多方服务平台”，并推出多种小企业信托集合债。2008 年 9 月，“中新力合担保”联合西湖区财政、中投信托、杭州银行、点石机构等发起“平湖秋月”，规模是 5000 万元，为西湖区 20 家科技型小企业提供从 20 万元至 750 万元不等的融资金额。2009 年 1 月 20 日，“宝石流霞”举行发行仪式，杭州市 29 家文化创意小企业入选，一年信托贷款利率为 8.39%（略高于银行一年期基准贷款利率 7.47%），而之前这其中有一半以上企业从未获得过银行贷款。

2009 年 5 月发起的“三潭印月”规模达到 1.44 亿元，并按照风险高低分“保稳定”、“保发展”、“保繁荣”三个产品、三个价格发行，使风险更加可控。其中“保稳定”产品主要针对经营面好但短期资金出现问题的企业，以解决该类企业普遍依赖的民间高利贷，降低企业成本，为中小企业融资带来了更大的乘数效应。同时，创新的商业模式使成立于 2004 年的中新力合担保公司获得了高成长性增长。

我国的中小企业信用担保机构发展经历了不同的时期，亦表现出不同的市场变化情况。20 世纪 90 年代，担保机构发展处于起步探索阶段，政策性担保机构是市场竞争的主体，1998—2002 年，地方性担保机构不断发展的同时，商业性担保机构与互助性担保机构开始出现，加入市场竞争，2003 年，伴随着《中小企业促进法》的颁布，担保机构的发展进入了一个新的阶段，各种类型的担保机构特别是更多的民营担保机构的大量涌现，使担保机构呈现出多元化的发展格局。2008 年开始，受宏观经济的影响，小型民营担保机构经营压力明显增加，不同类型的担保机构信用资质出现分化，担保行业进入了规范发展阶段。据银监会公布的数据显示，2011 年末，全国共有融资性担保机构

8402 家，其中国有担保机构只占 18.7%，民营担保机构占 81.3%，后者在市场竞争中处于主导地位。2012 年末，全国共有担保机构 8590 家，其中国有担保机构占 22.2%，民营机构占 77.8%，国有担保机构增长较快，比重上升了近 4 个百分点，而民营担保机构则出现了负增长。2013 年以来，全国融资担保机构数量出现了负增长，其中民营担保机构的数量加速下降。2013 年末，全国共有担保机构 8185 家，较上年减少了 405 家，其中国有担保机构占比提高到 23.5%，民营机构占比进一步下降至 76.5%。2014 年，全国担保机构 7898 家，进一步减少。这种国有与民营信用担保机构间的变化与分化，为我们研究民族地区中小企业信用担保体系的问题带来了思考。

二、几种担保机构模式分析

（一）上海模式：政府出资、成立基金、委托管理、市场化运作

上海市采取各级财政出资建立财政预算安排的共同担保基金，集中委托专业机构管理的模式。上海市中小企业担保基金是市、区县两级财政共同出资 7 亿元。其中，市财政局出资 4 亿元，20 个区县财政共出资 3 亿元。同时，一部分区县还建立了小规模财政担保基金作为共同担保基金的补充，为一些微型小额贷款提供担保。

上海市财政共同基金采取以下管理和运行机制：

委托专业担保机构运作和管理共同基金。由于专业担保业务在我国还处于发展的初级阶段，担保专业人才短缺。为了利用专业人员，实现政企分开，市财政局委托中国经济技术投资担保有限公司上海分公司管理和运作共同担保基金。中投保上海分公司以政府的产业政策为导向，支持中小企业发展，不以营利为目的，按照经批准的年度工作计划规范操作担保业务，接受上海市财政局的稽核、监督和检查。

建立出资人之间的利益和风险分摊机制。区县政府负责提供被担保企业的资信证明，具有担保项目的推荐权和否决权。中投保上海分公司最终决定是否担保。市财政部门基本不参与担保项目的决策过程，主要负责制定担保基金管

理和运作规则，与受托担保机构签订合同，通过规范共同基金的运作机制来实现扶持中小企业发展的政策目标。担保责任由市财政与区县财政共担，并突出了市财政对高新技术企业的扶持。根据市区县各自承担的风险比例分配担保费收入，盈余部分提取坏账准备金。

担保审批程序规范透明，防止政府行政性干预。中投保上海分公司的中小企业担保审批程序是：第一步，企业向银行申请贷款。第二步，银行审查贷款要求。银行有意贷款者，但需要担保的报给担保公司。第三步，按企业所在区县分别考核企业的信誉。由于大部分中小企业都是县区企业，企业所在县区财政局分管部门负责审查企业的纳税和财务情况，区县财政局根据审查结果签署同意推荐或不推荐意见。第四步，担保公司进行综合平衡，决定是否给予担保。第五步，担保公司与贷款银行签订保证合同。

与有关银行建立贷款担保协作网络。上海市财政局、中投保上海分公司现已与10家商业银行建立了贷款担保合作关系，联合开展授权贷款信用担保和专项贷款信用担保。在全市共设立了200个贷款担保受理点，方便了小企业，简化了贷款信用担保的操作程序。

上海模式主要有以下优点：首先，集中分散的资金，扩大担保基金盘子。目前，各级政府出资的担保机构面临的一个主要问题是分散出资导致每个基金规模较小，担保机构很难靠保费保持收支平衡。上海的模式解决了小规模分散出资的问题。其次，有利于实行政企分开，减少政府干预，发挥专业人员的作用，提高担保质量。最后，有利于引入竞争机制。实行委托管理，可以通过竞争招标的方式选择有信誉、业绩好的专业担保机构来管理和运作基金。

2012年，上海科投公司、受托运作共同担保基金的杨浦担保机构、上海农商银行与航鼎科技公司签署了投贷保协议，为处于初创期的航鼎科技公司提供“投贷保融”产品。同时，假如之前已经获得上海科投公司投资的国神光电公司的发展符合上海科投的投资前提，上海科投愿意进一步对国神光电公司追加投资，从而使企业在连续的发展阶段能够得到不断的支持和帮助，这便是创新担保上海模式的典型案例。

（二）深圳模式：担保换期权模式

深圳市高新技术风险投资集团有限公司是国内集“保证担保、金融服务、创业投资”为一体的综合金融服务集团，成立于1994年12月，为深圳市属全资国有企业，是国内最早设立的专业担保机构之一，集团注册资本22亿元人民币，2014年末在保余额为320亿元。深圳高新技术风险投资集团在全国率先开展了“投保联动”模式，结合融资担保业务，对具有高成长性的科技型中小企业客户以参股方式投资，通常单笔投资规模在400万元左右，主要投资领域涉及节能环保、新兴信息产业、生物产业、高端装备制造、新材料、移动互联及高端服务业等。公司先后完成了对大族激光、中兴通讯、比亚迪等51家创业企业的投资，累计投资金额1.61亿元。2014年，深圳高新投担保代偿率为1%，处于行业平均代偿水平以下；净资产收益率为14.67%，明显高于同行资本回报平均水平①。

担保机构在为客户提供银行贷款担保时，收取的保费很低，而被担保的企业大多处于成长初期，经营风险远远超过所收的担保费用，低廉的担保收入无法抵消企业破产带来的连带担保损失，如果单纯提高担保费用又会增加企业负担，有违政府设立国有担保机构的初衷。“投保联动”模式正好可以将风险和收益有机结合，利用担保换期权、担保换股权及担保换分红等手段，解决融资担保的低收益问题，为担保机构纯粹以担保业务为主的盈利模式提供了创新思路。

其中，“担保换期权”是深圳担保机构在全国率先推出的一种担保方式，就是把信用担保与风险投资业务结合起来，在为企业提供信用担保的同时，签订一定比例的期权协议，在适当的时机通过行权或回购等方式投资企业。如果企业失败，担保机构投承担为其担保的风险；如果企业发展，担保机构分享其成果。这实际上是根据现代期权理论的原理，让担保人用较少许可确定的代价来控制损失，并把获利扩大。

“担保换期权”的方式主要针对的是具有高成长性的科技型小企业。在深圳大多数担保机构的实践中，期权的有效期一般设为5年，期权的价格以担保时企业的净资产为基础，根据担保额、企业的成长性和抗风险能力，期权一般占被担保企业总股本的1%—10%。而一些在风险投资领域具有丰富的实战经

① 《2015年中国担保行业信用分析报告》。

验以及品牌效应的大型担保机构还能够为企业提供进一步的后续增值服务。

深圳高新技术风险投资公司（以下简称“深圳高新投”）比克电池有限公司（以下简称“比克电池”）签订的回购协议，就是高新投“担保换期权”的成功案例。据中国高新技术产业导报的有关报道，深圳市比克电池有限公司是一家专业从事锂离子电池电芯产品研发、生产和销售的高科技公司。2002 年 8 月，比克公司在发展过程中急需 300 万元资金，但是由于企业成立时间不长、规模不大，想要从银行或者其他渠道融到这笔钱是难上加难。比克电池找到深圳高新投，就 300 万元借款向深圳高新投提出担保申请。深圳高新投经过调查，认为比克公司所处行业拥有广阔的市场前景，拥有高素质的经营团队和技术团队，但比克电池无法提供有效的反担保措施。经过双方反复协商，高新投以“担保换期权”的方式为比克公司提供了 300 万元的贷款担保。同时，深圳高新投与比克电池签订了期权回购协议，双方约定，比克电池出让 2% 价值 20 万元的期权给深圳高新投，深圳高新投在 5 年的行权期内，可以自由选择行权时间；如果深圳高新投要行使期权，比克电池要以 118 万元对深圳高新投所持有的比克电池 2% 的期权进行回购。经过近两年的发展，比克公司现已形成日产 50 万只锂离子电芯生产能力，稳居行业第二，并发展成为国内生产锂离子电芯的龙头企业。2003 年底，比克公司股东对公司增资并进行股份制改造，经过协商，高新投同意比克公司对 2% 的期权进行回购，总价值 118 万元。通过“担保换期权”这种方式，一方面比克电池及时获得了企业发展急需的资金，另一方面深圳高新投也获得了比较满意的回报，实现了担保公司与被担保企业的双赢。

（三）衡阳模式：政策性机构平台上的商业化运作

衡阳市企业信用担保投资有限公司成立于 2007 年 6 月 30 日，是衡阳市政府为解决中小企业融资难、扶持中小企业健康发展而设立的一家从事信用担保、投资和相关金融服务为一体的综合性担保投资机构。衡阳担保通过学习借鉴外地先进经验，创建出独具“衡阳特色”的经营模式。

公司以“政策性机构、商业化运作”为市场定位，积极发挥政府性融资平台作用，通过商业化运作，为优势产业链上的配套企业、经营稳定的中小企业以及成长性较好的工业中小企业提供融资担保服务。在担保品种上，坚持“短、平、快”原则，重点选择一年期流动资金贷款担保，降低担保风险。

衡阳担保作为政府融资性平台，通过担保贷款、融资服务等方式支持市县区工业园区基础设施和标准厂房建设，改善园区招商引资环境，提升了园区对工业经济的助推孵化功能，增强了承接产业转移旳集聚效应；通过担保增信，打破融资瓶颈，使得园区内大批中小企业信用等级和融资能力提高。衡阳投资担保公司还发起成立了衡阳市担保信用协会，协会发展资信状况良好的企业成为会员，当这些会员企业需要贷款时，协会协助会员企业向公司推荐，公司进行审查后，协会帮助会员企业向与借款平台和担保平台有合作关系的金融机构申请贷款。为打造多元化融资平台，推动企业直接融资，公司先后开展了发行中小企业集合票据和成立股权投资基金，发起成立鼎富股权投资基金，为中小企业搭建了一条金融资本与产业资本相互融通的通道。

以政府融资平台为依托，构建多元化的融资服务体系。公司作为一家政府出资控股的政策性担保机构，构建了集担保、投资、小贷、融资顾问为一体的中小企业多元化融资服务体系。为满足一些企业多层次的融资需求，衡阳市投资担保公司推出了融资咨询、融资策划、融资代理、融资担保“四位一体”的中小企业个性化融资服务产品体系，基本上解决了中小企业融资全过程每个关键环节存在的问题。

衡阳投资担保公司的风险控制以精细化为原则。在项目的尽职调查中，跳出财务报表的拘泥，在重视企业“三品”（人品、产品、抵押品）和“三表”（电表、水表、工资表）的同时，更需强调的是企业业务发展能力。另外，衡阳投资还根据在保企业不同个案，创造性地设置了委派会计、委派仓管直至委派职业经理人等，通过加大对企业经营和财务管理的介入程度，来约束企业资金流向。

（四）桥隧模式：信贷市场与股权市场结合的综合信用担保

“桥隧模式”发展于浙江，突破了传统的三方交易担保融资模式，导入了第四方（业界相关机构包括风险投资公司/上下游企业等）。第四方与企业订立有条件的期权收购合约，即以某种形式承诺，当企业现金流发生未预期的变化导致无法按时偿付银行贷款时，第四方将以预先约定的优惠股价参股该企业，为企业带来现金流以偿付银行债务，保持其持续经营，最大限度地保留了企业的潜在价值。因此，第四方的介入，有效分担了银行和担保机构承担的风险。

“桥隧模式”是一个集合了政府因素、担保机构、中小企业和商业银行的多层次、多角度的综合体，也是综合了政策性担保、会员互助制担保、商业担保的综合体。在乡镇一级是会员互助性信用担保机构，在县市一级是政策性担保机构，在省一级是商业性担保机构，形成了一个多层次的、稳定的、均衡的金字塔结构。会员互助性担保机构是主体，具有广泛性、便捷性、满足了微小企业的资金需求；政策性信用担保机构则由县市级政府出资，表现出政府导向；商业性信用担保机构则在全省范围内配置资源，实现自身盈利。根据中小企业的需要，提供不同安排、不同层次的担保，形成了一个全省范围内的信用体系。通过整合经济体系中的各种资源，极大地提高了资金配置的效率。

“浙江模式”是一个不断发展的开放性、创新性的信用担保体系。无论是担保机构，还是担保产品的设计，浙江模式都表现出了强烈的创新性和开放性。一是善于发现财产的价值和不同权利的经济价值，如经营权质押；二是善于将各种需求组合，形成一种金融创新的品种。桥隧模式最大的特点是将股权市场与信贷市场的资源进行组合，将各种价值要素配置到效用最大的机构手中。高成长性的中小企业，更偏好于内部融资和债务融资，最不愿意权益融资，因为过早的股权融资将大大降低创业者的预期收益，但是债务融资不符合商业银行的信贷条件；对于风险投资机构或行业上下游企业而言，企业股权具有价值，但是没有渠道获得；商业银行具有资金而寻找不到良好的客户。因此，桥隧模式可以实现多方共赢。

成立于 2004 年 10 月的浙江艾尔柯环境设备有限公司有员工 360 人，属于暖通空调行业，但其差异化的战略使其定位于家居环境、智能集成系统的工程服务供应商，以连锁经营为主导，近年来进入了高速发展时期，两年内市场份额增长 40%，全年销售额突破 2 亿元，而且客户多拥有别墅的较高居住条件的人群，应收账款的周转压力较小并有着蓬勃发展的潜质。由于进入了快速扩张的关键时期，需要大量的资金。由于没有土地、楼房等固定资产作抵押，尽管浙商银行认为给其贷款不会赔本，但当企业 2006 年底拟向浙商银行借款

1000 万元时，仍被拒绝。此时一家名为三生石创业投资公司的企业参与进来了，承诺在为期两年的观察期内，当企业发展财务危机无法归还贷款时由三生石创投归还贷款的 70%，而后者以获得 10% 增发股份权期权条件为其收益。由此，由浙江中新力合担保公司作担保，艾尔柯从浙商银行城西支行以 5% 的利息获得了 1000 万元的流动资金贷款，浙江中新力合担保公司也成为桥隧模式的最早实践者。

（五）安徽模式：担保机构回归政策性导向的探索

2014 年 12 月 15 日，安徽省信用担保集团有限公司与省财政厅、省政府金融办、中国人民银行合肥中心支行、安徽银监局联合出台了《安徽省政策性融资担保风险分担和代偿补偿试点方案》，在全省开展“4321”新型政银担合作机制试点工作。在此背景下，安徽省开始探索担保机构回归政策性导向的担保体系建设。

安徽省“4321”新型政银担合作模式：原保机构、省级再担保机构、银行、地方政府按照 4:3:2:1 比例承担代偿责任，是将再担保机制、财政风险补偿机制与风险分担机制集成创新，建立“资源共享、风险共管、优势互补、多赢互利”的新型“政银担”合作关系。对于与安徽省担保集团建立比例再担保关系的政策性担保机构，开展单户 2000 万元及以下的小微企业贷款担保业务，目前试行“4321”担保业务模式。

从安徽模式实际推行情况来看，2015 年 11 月末，工行、农行、中行、建行四大国有商业银行已全部纳入新型政银担合作试点，合作银行（含分支机构）100 家，全省 16 个省辖市、87 个县（市、区）、113 家担保机构加入试点，已覆盖全省所有区域和主要金融机构。截至 2015 年 11 月末，全省新型政银担合作放款 215 亿元，服务企业 4280 户，户均 502 万元，呈加速发展态势，新型政银担合作机制正成为全省银担合作领域的新趋势。安徽模式契合当前“三农”、小微企业融资服务实际，能有效发挥政府引领、担保护航、银行跟进作用，有助于缓解小微企业和“三农”融资难、融资贵问题，实现多方共赢。对政府而言，通过省、市、县三级政府建立担保风险补偿基金，有助于发挥政府财政资金的引导和杠杆作用，把更多的金融资源引向小微企业和“三农”经济，为中小微企业融资增加信用，帮助更多的中小微企业满足申贷条件，推动中小微企业加快发展。对银行而言，新模式为解决一直困扰银行服务中小微企业的准入难、抵押难和处置难问题打开了突破口。选择新模式开展业务，能有效扩大银行市场规模、提升利润水平外，担保贷款的总体风险远低于银行其他类型贷款。按照银行分担20%风险测算，即使代偿率达到5%，银行担保贷款不良率也只有1%，低于全省小微企业贷款不良率。此外，与抵押贷款出现不良时抵押物处置费时且成本较高相比，银行虽然需承担20%的风险，但是另外80%可以快速被代偿到位。担保机构追偿以后，银行还可以获得20%的追偿所得，实际损失不到1%。增强了担保机构应对风险、可持续发展的能力。对担保机构而言，政银担风险分担机制的建立，使得担保机构由过去承担100%的风险转变为现在承担40%的风险，代偿能力提升至原来的2.5倍。通过风险分担，增强银行管控风险、与担保机构共同化解风险的责任感，促进代偿比率实现稳中有降，担保业务的总体风险得以降低。

第三节　民族地区中小企业信用担保体系构建

我国传统的“一体两翼”模式，在实践中起到一定的作用。但从民族地区来看，政策性担保机构由于资金来源不同，规模比较分散，作用还比较有限，且发展亦不均衡；互助性和商业性的担保机构受资金规模、经营方式及管理模式等的限制，作用也较为有限。因此，我们必须从传统的“一体两翼”结构出发，重新构建民族地区中小企业信用担保体系。

一、强“体”：建立完备的政策性担保机构与信用保证基金

（一）成立国家政策性担保机构

仿照美国的“中小企业管理局”的做法，成立全国中小企业管理局，与工信部的中小企业司合并，隶属于工信部，其职能除了原有中小企业司的相关

职能外，主要负责向全国的中小企业提供贷款担保计划、管理咨询、服务培训，以促进中小企业的健康成长。

“中小企业管理局”的担保计划的担保资金由中央财政全额拨付，纳入中央财政的预决算，中小企业管理局负责管理，向财政部报告年度资金的使用情况。对担保的企业在规模、权益、现金流及流动资金等方面作严格的规定与限制，明确企业获得的贷款必须用于生产经营活动中，不得挪作他用。在操作上，尽可能地进行市场化运作，避免行政干预。中小企业管理局通过与协作银行（主要政策银行）合作，授予协作银行一定的信用额度，由协作银行在授信额度内自主决定担保贷款，贷款担保费用可适当收取，但不以营利为目的。担保的主要贷款项目：一是初创期的贷款项目或创业贷款项目；二是具有特殊用途的贷款项目；三是处在扩张期的技改项目与固定资产投资项目；四是农业等基础产业及高新技术产业生产经营的小微企业项目。

（二）成立专为民族地区中小企业贷款担保的“信用担保机构”

仍以“美国的中小企业管理局”的做法为蓝本，成立专为民族地区中小企业发展提供信用担保的“信用担保机构”，隶属于国家民委，职能管理可划归“经济司”管理。资金来源由中央财政专项拨付或可发行由中央财政担保的“担保债券”，按照市场化的运作方式运营，专为民族地区中小企业提供贷款担保。对贷款企业在规模、权益资本、现金流及流动资金等方面作严格的限制与规定，担保贷款用途只能用于生产经营活动，不能挪作他用。亦可参照中小企业管理局的做法，与国家政策性银行合作，授予协作银行一定的额度，由其在确定的额度内自主决定担保贷款，收取适当的费用，绝不能以营利为目的。除了政策性担保机构可要求的那些项目外，可结合民族地区经济发展特点，增加“富边兴民”贷款项目与“扶贫开发”贷款项目及民族贸易特殊贷款项目。相对而言，“信用担保局”的担保贷款门槛更低，规模更小，特殊性更强。

（三）建立跨地区、跨区域的中小企业信用保证基金

借鉴日本、中国台湾、韩国的一些做法，成立中小企业信用保证基金。按

照产业链的要求，在国家产业政策的统一指导下，成立不同形式的跨地区、跨区域的全国性或区域性中小企业信用保证基金，民族地区之间、民族地区与非民族地区之间按照区域经济一体化的不同模式的需要，突破行政区划的壁垒。信用保证基金的来源主要由三部分组成：国家中央财政投入一部分，相关地区政府部门的财政投入，发行信用保证基金债券。中小企业信用保证基金是政策性信用担保基金，为了较好地发挥担保基金的作用和有效地控制基金的风险，中小企业信用担保基金必须建立完善的管理制度，不但对担保业务的对象、程序、代偿清偿及不到位清偿等内容进行详尽的规定，而且对不同规模的企业进行授信额度管理，给予协作银行一定的授信额度，由协作银行在额度内自主决策。还要依规提取风险准备金，建立风险补偿机制。

（四）民族自治地方政府建立多层次政策性担保机构与担保基金

按照“国家政策性担保机构”的模式，建立自治地方政府的政策性担保机构与政策性担保基金，担保机构的担保资金由民族自治地方政府全额拨付，纳入地方的财政预决算，或由地方的工信委专司中小企业业务部门负责监督与管理，或由地方财政部门负责监督与管理，其运营可以委托专业担保机构。如“上海模式”就是市财政局委托中国经济技术投资担保有限公司上海分公司管理和运作，中投保上海分公司以政府的产业政策为导向，不以营利为目的，按照批准的年度工作计划规范操作担保业务，接受上海市财政局的稽核、监督与管理。县区政府负责提供被担保企业的资信证明，对担保项目有推荐权，中投保上海分公司最终决定是否担保，市财政部门主要负责制定担保基金的管理和运作规则，与受托担保机构签订合同，担保收入按照市、区县各自承担的风险比例进行分配，盈余部分要提取坏账准备金。运作机构要按项目的分类情况收取担保费用，每项担保业务必须提取“风险准备金”。

必须明确，自治地方政府的信用担保的政策性机构与担保基金不能按其行政层级分层设立，也就是说自治区政府、自治州政府、自治县政府只能设立一家机构，建立一只信用担保基金。就目前的情况看，重点应放在自治区地方政府，适度扩大自治州地方政府业务，限制或压缩自治县（或乡）此项业务的展开。

政策性担保机构聘请富有经验的专业基金经理，授权其组建自己的管理团队，负责运营和管理信用担保基金。政府不参与，也无权干预信用担保的具体业务，具体业务问题由信用担保基金管理团队负责，政府不通过行政命令，或者其他任何非市场手段影响基金管理团队的担保决定。政策性担保机构除了可以将信用担保基金存入银行获得利息，或者投资国债这类风险很小、收益稳定的投资项目外，一般不允许从事其他投资业务。政策性再担保机构必须设立风险准备金，以弥补信用担保贷款可能带来的担保损失。政策性担保机构及其基金管理团队每年必须接受政府有关管理部门对其业务管理的定期与不定期监督。政府可以派驻会计和审计人员对信用担保基金的使用情况进行监管，被派驻的会计和审计人员对政府负责，有义务客观、公正、及时地向政府有关管理部门汇报信用担保基金的运营情况，以及可能存在的问题和改进意见。

二、丰“翼”：规范发展新型“互助性担保机构”与“商业性担保机构”

（一）发展以“完全民间的互助性信用担保模式”的互助性信用担保机构

目前，我国互助性信用担保机构运作模式主要有以下三种模式。

一是政府参与的“互助性信用担保”模式。这种模式是由政府出资发起建立中小企业互助担保基金，中小企业自愿认购基金单位的方式。其主要优势在于政府承担了企业部分担保责任，较好地利用政府的职能，协调互助性担保机构的运行，能够体现政府的意图导向。但这种模式的一个严重缺陷就在于政府干预过多，担保公司很难做到自主经营和自我管理，严重政企不分，产权模糊与责任不对称，易导致道德风险的发生，进而发展为担保机构的经营风险，有可能把担保机构的风险转换为政府的隐形负债，最终形成政府的财政风险。容易同政策性担保机构混淆，不利于担保业务的发展。

二是“完全民间的互助性担保模式”。这种模式采取会员式组织方式，会员企业自愿入会，自筹资金，自我管理，没有政府参与的民间自律性互助性非营利性的信用担保机构。其产权清晰，没有政府的干预，担保机构自我管理，自我完善，实行完全的市场化运作，能够有效地解决风险不对称的问题，经营成本较低，会员间彼此信任。不仅降低了经营风险，也有效地提高了运行效率。

三是“互助性担保与商业性担保结合的模式”。互助性担保机构是会员间自愿组成的担保机构，容易形成“内部人”管理，缺乏专业的管理人员与管理经验。而商业性担保机构正具有这方面的优势，两者间优势互补，使专业性的担保机构运行更加专业化，但是这种模式在实际运作过程中效果并不是预想的结果，往往因为“出身”问题，很难协调，会员制与公司制模式的结合是很难实现的。因此，我们认为，在互助性担保机构的发展上，应大力扶持发展“完全民间的互助性担保机构”。让“互助性担保机构”真正成为互助性的机构，政府可加以引导与扶持，经营方式可仿照商业性担保机构运行方式或委托商业性担保机构管理经营。政府着力办好政府性担保机构，管理好政策性担保基金。商业性担保机构应按照市场化的运作，成为信用担保的主力军。互助性担保机构这一“翼”是担保体系的重要组成部分，不可偏废。

互助性担保机构要建立和加强与金融部门的关系，开通中小企业的融资渠道，努力满足会员资金需求，选择合作银行，协调合作银行，改善和提高为会员服务的质量；引导会员提高信用意识，树立中小企业诚实守信的良好社会形象；会同合作银行跟踪了解会员的生产经营情况，掌握贷款流向和使用效益，确保担保基金和所担保贷款的安全；协调会员之间的利益关系，以互助性担保机构为平台，促进会员间的信息交流和团结；搞好沟通和协调，密切金融机构和民营企业间的联系，增进银企间的信任度。会员单位按企业净资产的一定比例或一定的份额交纳资金建立互助性担保基金。担保基金的最高权力机关是会员大会，会员大会负责制定入会条件、担保程序等规范性准则。互助性担保机构根据会员企业交纳担保基金数额多少，依次确定理事会员，组成理事会，日常工作由理事会负责。

互助性担保机构可以聘请专业的商业性担保机构负责实际运营。在会员大会制定的规章下，理事会负责担保项目的最终审核，商业性担保机构负责具体的担保项目实施，并接受理事会的监督。

会员制担保基金全部存入与协作开展担保贷款业务的合作银行，不得用于股票、企业债券等高风险投资领域，不直接用于贷款，对担保基金实行定额存储，专户管理，利息用于担保机构的滚动发展。担保盈利除按规定提取准备金外，可以发放红利。如果发生担保代偿，先由政策性担保机构和商业性担保机构按比例形成赔付，剩余部分先用准备金补偿，仍不足的部分用担保基金补偿，年终担保基金形成净损失的由会员按比例补齐。

（二）提升“商业性信用担保机构”的经营实力与水平，突出“商业性信用担保机构”的中心地位

商业性信用担保机构的产生与壮大，是经济发展的必然结果，担保行业以市场化的服务来支持产业结构调整与优化，实现实体经济的增长。从长期看，国家信用退出市场化行业与产业，要求适宜市场经济的更多市场化主体加速成长，信用担保行业也不例外，全民创新、大众创业必然带来中小企业的兴起，要求具有很强外部性的商业信用担保机构提供更全面的服务。尽管我们民族地区的经济发展还相对滞后、落后，但市场化取向发展是未来发展的主旋律与主基调，商业性信用担保机构作为专业的风险管理和信用增级机构，会获得更加广阔的发展空间，体现金融市场发展与创新的趋势。相信“商业性信用担保机构”会成为担保行业的“龙头”，处于担保市场的“中心”地位。

“商业性信用担保机构”是特殊的金融服务企业，其经营目标在为企业进行信用担保的业务发展中实现企业价值的最大化，在保证经营安全性的前提下，实现其流动性与营利性。因此，在开展业务时，在项目的选择及其具体操作过程中，度量风险与收益，在适当风险的条件下实现盈利。其经营资产的规模直接决定着担保业务的规模，担保规模、担保费率直接决定着担保收入。现阶段，受内外部环境因素的影响，商业性担保机构虽有了很大的发展，已成长了“信用担保体系”的另一“翼”，但是还存在着结构规模小、资产数量小、业务构成简单、经营理念不明确、社会评价不高、经营行为短期化等问题，这些问题都直接影响了“商业性信用担保机构”的信用增级职能的发挥，进而影响了“商业性信用担保机构”进一步成长，压缩了发展空间。近几年来

“商业性信用担保机构”数量的下降（绝对数、相对数都在下降）就是一个缩影。必须大力发展“商业性信用担保机构及其业务，顺应趋势，突出其担保体系中的中心地位。从外部讲，提高“商业性信用担保机构”的声誉，声誉包括知名度，也包括美誉度，在“宣传报道”、“行业教育”、“维护公平竞争”、“规范行业标准化管理”等方面强化工作，让“商业性信用担保机构”具有较高的声誉及良好的社会评价体系。从内部讲，“商业性信用担保机构”要树立形象，从企业自身寻找发展对策。首先，树立“信用第一”的经营理念，经营的是信用产品，讲求“信用”应在不言中，行为与格局要长期化。其次，要建立健全内部管理机制，通过建立“担保项目评审制度”、“担保业务操作规范”、“担保项目责任制度”、“风险监测制度”及“操作道德标准”等制度规定来实现其持续增长和长远发展。最后，积极开展业务创新，完善担保经营策略。“商业性信用担保机构”在突出担保业务中心的同时，加强资产经营，要在规模与质量上同时发展；在经营范围上要打破现在这种“画地为牢”的做法，突破行政隔墙，寻求跨地区、跨区域的合作经营，这一条对民族地区的“商业性信用担保机构”尤其重要。在担保品种上与担保项目领域上也要突破行政化“藩篱”，开展多种形式的业务发展格局，真正体现“中心”的地位与作用。

商业性担保机构是自主经营、自负盈亏的商业组织，除以担保费收入为其主要收入来源外，商业性担保机构可以将其担保基金存入银行获取利息，可以投资国债、股票、基金，还可以为企业提供融资租赁等。为了尽量避免担保贷款发生损失时，担保机构无法足额代偿的风险，商业性担保机构用于信用担保业务以外的投资金额一般不得超过担保基金总金额的一定比例，不允许投资房地产等投机性较强的项目。

要加强担保项目的风险管理，主要是风险的内控工作与风险的转换工作。商业性担保机构完全按照市场经济下的商业组织模式自负盈亏、自主经营。由于它属于营利性组织，不能享受政府的财政拨款，但在发展初期，为了扶植其发展，政府可以考虑给予一定年限的减免税优惠政策。其他信用担保机构一样接受政府管理部门的监管，商业性担保作为经营信用的企业，应当纳入非银行金融机构体系，由银行业监管部门负责统一管理。

三、壮“骨”大力发展中小企业信用再担保机构

“中小企业信用再担保机构”的发展要晚于“担保机构”的发展，2008年成立的“东北中小企业信用再担保有限公司”，是我国真正意义上的第一家“中小企业信用再担保机构”，也是第一家区域性的再担保机构。此后再担保机构及业务有了很大的发展。从再担保产品看，有“全额自动再担保”、“授信再担保”、“项目再担保”、“比例再担保”、“联合再担保”等再担保品种。同时，还通过再担保为中小企业“集合债券”、“集合信托”、“集合短债”、“集合票据”等资本市场中小企业直接融资产品的发行提供信用增级服务。同时，再担保机构在为担保机构建立银企合作关系、提升信用水平、规范经营行为、实现担保机构的盈利等方面作出了贡献。

完备的“中小企业信用担保体系”中，再担保机构是不可缺失的，它是信用担保业务发展的稳定器，也是加速器，特别是在市场经济还不十分发达、信用程度相对弱化的民族地区，再担保机构及其业务的发展更显得重要。必须规范发展民族地区信用再担保机构与业务，完善民族地区信用担保体系建设。

第一，再明确再担保机构的定位，纳入银监会的统一监管。再担保机构是金融系统中的风险管理机构，能够有效地隔离银行的风险。它经营的是准公共产品，再担保业务应以政策性、安全性和非营利性为其经营目标。其政策性主要体现为通过再担保来分散（分担）担保公司的风险，进而分散金融风险，增强担保公司的担保能力，从而实现信用资源向中小企业倾斜，也就是说再担保机构在政策的指导下，运用市场机制实现信用资源的有效、合理的配置。安全性是指对担保机构进行增信，分担风险，配置资源，使之实现效益的最大化，再担保机构不应以营利为其经营目标，但可以通过一定的合理取费来解决准公共产品的经营者的“过度经营”问题，真正体现再担保机构的职能。再担保机构是经营“风险产品”的，风险性是其主要特点，银监会应将其列入监管范围进行监管。

第二，建立市场化的运行机制，实现再担保业务的可持续发展。要设计适宜市场化运作的组织架构，制定市场化规则，减少行政干预，要把“风险”

放在首位，在控制与防范风险上做文章，建立长效机制，谋求长远发展。在对担保对象的选择上，在推出再担保业务的品种方面，遵循市场化规则，优胜劣汰，确保再担保业务的健康发展。

第三，规范再担保机构的“规模风险”与“成本补偿”的分担比例。“规模风险”是因担保规模扩大而产生的风险，再担保机构能使担保机构在规模不变的情况下，信用能力得到较大的提升，同时会使其盈利能力不恶化，因此，这部分形成的“规模风险”应由再担保机构承担，它是再担保机构分担的责任比例的一部分。担保机构在承接项目时，付出了人、物力及时间成本，而再担保机构在承接项目时成本支出较少。再担保公司可以在再担保业务中分担担保公司一定的成本费用，将这部分成本补偿体现在再担保公司对担保公司分担风险的比例中，更好地体现再担保机构的政策性特点。

第四，建立规范的再担保机构的资本补偿机制。主要体现为再担保机构的资本金要足额到位，且随着规模的扩张而增加，只有再担保规模扩大，才能不断满足因担保机构规模扩大或担保倍数增大的担保需求。同时，对原有资本消耗，当年收入又不能抵偿支出的，要补偿原有的资本，政府都予以补偿。

再担保机构与业务的发展是民族地区信用担保体系建设中不可或缺的。

四、民族地区中小企业信用担保体系的建设

在中小企业信用担保体系建设的初期，突出政策性信用担保机构和担保基金的作用，发展重点在于强“体”，就是以政策性担保机构为重点，明确国家政策性担保机构、民族地区中小企业信用担保机构、区域政策性担保机构、民族自治地方政府政策性担保机构的职能、范围和层级，并对担保机构的运行加以规范化，旨在发挥政府支持与干预经济的作用，为民族地区中小企业的资金需求提供更为便捷和低成本的担保，保证民族地区区域经济的发展。在此阶段，互助性担保机构的发展，可在模式的规范上做文章，也就是说稳步发展完全民间性质的互助性担保机构，只作为政府性担保机构的补充。商业性担保机构要在有条件的情况下规范发展，要有规划、有步骤、有目标，向成为未来民族地区中小企业信用担保机构的“主体”方向迈进，切忌降低标准的竭泽而

渔式的野蛮生长。

民族地区中小企业信用担保体系进入成长阶段时，也就是“一体两翼”的担保体系初具规模时，要以发展商业性担保机构为重点，适度发展互助性担保机构（补充地位仍不变），简化政策性担保机构的职能，缩小担保范围。区域政策性担保机构可进行转型，向商业性担保机构过渡；民族地区中小企业信用担保机构可转型为再担保机构，进行纯粹的市场化运行。真正建立起适合市场经济发展和民族地区中小企业发展的信用担保体系，发挥市场的决定作用。

第九章

民族地区区域性中小企业信用担保体系建设路径及外部环境

我国中小企业信用担保体系的发展至今已有20多年。期间，对各种试点模式都作了有益探索，这些探讨效果显著，是有意义的。一定程度缓解了中小企业融资难的问题。但是不难看出，信用担保体系建设，特别是民族地区中小企业信用担保体系的建设仍然任重道远。世界范围内，日本、美国以及意大利等国家的中小企业信用担保体系各具特色，研究这些国家在构建中小企业信用担保体系方面积累的宝贵经验，为进一步探索我国中小企业信用担保体系的完善，特别是民族地区中小企业信用担保体系的建设路径及条件是十分有益的。同时，对于民族地区中小企业信用担保体系建设的路径及环境探究，必须从分析中小企业及担保行业的发展趋势与方向入手。

第一节　中小企业发展趋势与规划

为了贯彻落实《中华人民共和国国民经济与社会发展第十三五规划纲要》，认真贯彻执行《中华人民共和国中小企业促进法》，积极推进供给侧改革，优化发展环境，推动大众创业万众创新，促进中小企业健康持续发展，工业和信息化部特别编制了《促进中小企业发展规划（2016—2020年）》（以下简称《规划》）。《规划》从发展形势、思路、目标、任务、专项行动、保障措施等方面作了详尽分析。这是中小企业发展的纲领性文件，研究中小企业融资的信用保障体系建设，必须深刻领会其精神内容。

一、新形势下，中小企业的发展目标与思路

当前，我国经济发展进入新常态，这给中小企业的发展带来了多种挑战。一方面，资本、土地、劳动力等要素成本持续高位，招工难、用工贵、融资难、融资贵的问题依然未能缓解；另一方面，中小企业大都处在产业链的低端，高耗费、低效率、产能过剩、产品同质、企业盈利较弱，同时，中小企业经营依然压力很大，去产能、调结构、转方式、补短板的任务仍然艰巨。当然，中小企业的发展也面临着机遇，随着经济的发展与改革的深入，工业化进程的加快以及城镇化、信息化、现代化工作的推进，再加上“一带一路”战略、“中国制造 2025”、“互联网 +”及“大众创业，万众创新”等方案的提出，这一系列的举措都为中小企业的发展提供了广阔的空间。

（一）新形势下，中小企业发展思路

《规划》指出，“十三五”期间中小企业工作要牢固树立并认真贯彻创新、协调、绿色、开放、共享的发展理念，以提质增效为中心，以提升创业创新能力为主线，降成本、补短板，推进供给侧改革，完善法律体系，改善公共服务，优化发展环境，推动大众创业、万众创新，不断培育新增量、新动能，促进中小企业的健康持续发展。

（二）新形势下，中小企业的主要工作原则

中小企业的发展要立足于当前我国中小企业发展的实际情况，在遵循政府引导、市场主导、社会参与的总体原则的基础上，还得遵循以下基本原则。

1. 坚持创业兴业，促进就业

把推动创业兴业作为打造经济增长新引擎、培育壮大市场主体、促进就业的一项重要举措。大力扶持小微企业，扩大就业规模。弘扬创业精神，培育创业主体，完善创业服务，提高创业兴业能力和吸纳就业能力。

2. 坚持创新驱动，推动转型

鼓励加快中小企业从物质要素投入为主向创新驱动为主转变，提高中小企业全要素生产率，推动中小企业新旧动能转换和转型升级，增强市场竞争力。

3. 坚持优化结构，提质增效

促进中小企业改变粗放型发展模式和管理方式，补齐生态环境保护不足和区域发展不协调的短板，走绿色、协调和可持续发展道路，不断优化供给结构，提高发展质量和效益。

4. 坚持推进改革，营造环境

充分发挥市场在资源配置中的决定性作用，破除各类体制机制障碍，不断改进服务方式，提高政府管理与公共服务能力，降低企业成本、减轻企业负担，营造更加有利于中小企业的发展环境①。

二、新形势下，中小企业发展的目标与任务

现阶段，我国中小企业的发展目标是：

1. 提高整体发展水平。为进一步巩固中小企业对国民经济的支撑作用，在今后一段时间，我国中小企业的质量与效益需要稳步提高，产业结构应该进一步优化，同时还要吸纳更多劳动力就业。

2. 增强中小企业的创新能力。中小企业要在竞争激烈的市场中取得长足发展，还需要在发明专利和新产品的开发数量上有所突破。新产品、新技术、新业态、新模式的不断出现，与大企业协同制造能力的明显提高，科技型中小企业的引领作用就会更加明显。

3. 提升中小企业的素质。提高中小企业的管理水平，优化其人力资源结构，提升人员素质、安全意识、社会责任意识、诚信经营水平，培育一批具有现代企业家精神的经营管理者和一大批具有工匠精神的高素质企业员工。不断提升中小企业的品牌影响力。

4. 进一步优化中小企业的发展环境。简政放权，深化金融财政改革，推

① 《促进中小企业发展规划（2016）》。

行商事制度。要进一步减轻中小企业负担，创造更为轻松、公平的经营环境，完善政务服务体系，提供高效务实的政务服务，扶持与培育300个国家小微型企业创业创新基地，3000个省级小微型企业创业创新基地。

现阶段，我国中小企业发展的主要任务包含以下几个方面：

1. 推进创业兴业，激发活力

培育创业主体。整合资源，协同推进，调动各方面的积极性，鼓励和支持创业者打破传统束缚和限制，采取各种合规、有效的方式努力创业。支持留学归国人员、大学生和高校毕业生、科研院所专业技术人才、返乡农民工等各类创业主体进入法律法规未明确禁入的行业和领域。

促进中小企业成长壮大。加大对种子期、初创期成长型小微企业支持力度，培育壮大新生小微企业群体。支持一批潜力大、成长性好，积累了一定资金、技术和管理经验的中小企业，顺应消费结构变化、产业结构调整带来的发展机遇加快发展。支持老少边穷地区、少数民族地区中小企业发展壮大。

加强创业载体建设。积极创造条件，合理安排必要的场地和设施，充分利用已有的各类园区，打造中小企业创业创新基地，为创业主体获得生产经营场所提供便利。发展新型众创空间，形成线上与线下、孵化与投资相结合的开放式综合服务载体，为中小企业创业兴业提供低成本、便利化、全要素服务。

鼓励大企业提供创业支撑。鼓励大企业提供新型创业平台，开展各类创业孵化活动，形成市场主导、风险投资参与、企业孵化的创业生态。鼓励和支持大型企业、行业领军企业发挥技术优势、人才优势和市场优势，为中小企业提供技术研发、成果转化、营销推广等合作机会，帮助产业链上下游中小企业创业兴业。

加强创业服务。鼓励服务机构提供创业信息、创业指导、创业培训等专业化服务。探索建立志愿者服务机制，鼓励退休政府官员、科学家、行业专家、企业家成为创业辅导志愿专家，组建高素质辅导师队伍。培育“鼓励创业、勇于创新”的创业文化，支持举办创业沙龙、创业训练营、创业大赛、创业项目展示推介等活动。

2. 提升创新能力，增强动力

推进中小企业创新发展。鼓励中小企业加大研发投入，加强技术改造，引进先进适用技术、工艺和设备，改造传统工艺，优化生产流程。针对细分市场，开发差异化的产品和服务，推进技术、产品、管理模式和商业模式创新。加强公共技术服务平台建设，为中小企业技术创新与管理创新提供支持与服务。

推进中小企业信息化应用。建设和完善中小企业信息化服务平台，实施“互联网+”小微企业专项行动，推广适合中小企业需求的信息化产品和服务，促进互联网和信息技术在企业生产制造、经营管理、市场营销各个环节中的应用，支持中小企业通过信息化提高效率和效益。

推动中小企业与大企业协同创新。鼓励有条件的大企业搭建信息化服务平台，向中小企业开放入口、数据信息、计算能力。通过任务众包、生产协作、资源开放等方式，培育产业链，打造创新链，提升价值链，促进大企业带动产业链上下游中小企业协同研发、协同制造、协同发展。

构建以企业为主体的创新机制。推动中小企业开展产学研用合作，鼓励中小企业与各级各类重点实验室、制造业创新中心、工程研究中心、高校、科研院所等创新资源合作，增强中小企业创新发展能力。通过合作、转让、许可和投资入股等方式，推动技术成果转化和应用。创新政府支持方式，支持以企业为主体的技术创新。鼓励中小企业与境外研究机构建立合作伙伴关系，组建产学研跨境创新协同网络。

加强中小企业知识产权服务。继续实施中小企业知识产权战略，支持中小企业贯彻落实《企业知识产权管理规范》国家标准和《工业企业知识产权管理指南》，重视和推进服务业知识产权保护，提升中小企业知识产权创造、运用、保护和管理能力。完善知识产权管理和专业化服务，降低中小企业知识产权申请、保护、维权成本，推动知识产权转化。

3. 推动转型升级，改善供给

推动中小企业提高产品和服务有效供给能力。支持中小企业参与标准制定，不断提升产品和服务质量。支持中小企业做强做精核心业务，打造具有竞争力和影响力的精品和服务。支持和引导中小企业开展个性化定制、柔性化生产。

推动中小企业“专精特新”发展。围绕《中国制造 2025》重点领域，培育一大批主营业务突出、竞争力强的“专精特新”中小企业；打造一批专注于细分市场，技术或服务出色、市场占有率高的“单项冠军”。鼓励中小企业以专业化分工、服务外包、订单生产等方式与大企业、龙头骨干企业建立稳定的合作关系。

推动中小企业品牌建设。引导中小企业实施品牌战略，增强品牌意识，提升品牌管理能力，实现从产品经营向品牌经营转变。鼓励和扶持中小企业申报注册国家及本区域著名商标、原产地标志等，加强品牌策划与设计，丰富品牌内涵，不断提高自主品牌产品和服务市场份额。推进区域品牌建设，提高区域中小企业影响力。

推动中小企业绿色发展。运用法律、经济、技术等手段，促进高污染、高耗能和资源浪费严重的中小企业落后产能退出。按照绿色、低碳和循环经济发展要求，推动绿色、低碳中小企业园区建设。鼓励和支持传统行业中小企业采用先进适用技术实施清洁生产，降低能耗和污染排放，提高资源综合利用率。引导中小企业走资源集约、环境友好发展道路，不断把生态资源优势转化为产业发展优势。

促进产业集群发展。按照“布局合理、产业协同、资源节约、生态环保”的原则，加强规划引导，改善发展环境，推动智慧集群建设，形成一批产业集聚度高、创新能力强、信息化基础好、引导带动作用大的重点产业集群。加强产业集群对外合作交流，发挥产业集群在对外产能合作中的载体作用。

推动中小企业协调发展。建立中小企业跨区域交流合作机制，鼓励东中西部地区中小企业利用各自比较优势开展合作，缩小地区间发展差距。推进城乡中小企业协调发展。推动军民融合发展，促进中小企业进入武器装备科研、生产和服务领域。鼓励和引导中小企业承担社会责任，营造和谐发展环境。

4. 拓展内外市场，开放发展

营造公平开放的市场环境。清理和废除妨碍公平竞争的各种规定，推进实行公平的市场准入制度和公平竞争审查制度，打破区域垄断，统一市场监管。

扩大开放领域。进一步推进电力、电信、民航、铁路、石油天然气、邮政、市政公用等行业的竞争性业务开放，推进金融、教育、文化、医疗等领域有序开放，消除各种隐性壁垒。

引导中小企业开拓市场。支持中小企业加强市场调研，顺应需求升级要求，创新营销模式，深耕细分市场，拓展发展空间。鼓励中小企业加强工贸结合、农贸结合和内外贸结合，利用电商平台等多种方式开拓市场，提高市场拓展效率。推进连锁经营、特许经营、物流配送等现代流通方式。

支持中小企业“走出去”和“引进来”。加强跨区域合作与协作配套，落实 APEC 第 21 次中小企业部长会议《促进亚太地区中小企业创新发展的南京宣言》。支持中小企业引进境外资金、技术、人才、管理经验，增强发展能力。促进中小企业拓展对外贸易、投资的广度和深度，融入全球产业链和价值链。

5. 推进职能转变，改进服务

转变政府职能。简政放权，放管结合，优化服务。推动行政审批、投资审批等制度改革，减少政府对微观事务的管理，缩减政府审批范围。推动建立健全权力清单、责任清单、负面清单管理模式，为企业松绑减负。推动商事制度改革，创新管理方式，激发市场活力。

降低中小企业成本。发挥减轻企业负担工作机制的作用，进一步推进合理降低企业税负，全面实施涉企收费目录清单管理，规范涉企收费行为，减轻中小企业负担。优化行政审批流程和企业投资项目相关审批程序，推进降低制度性交易成本。推进降低企业融资成本，推动降低企业用能、用地成本等。

改进政务服务。构建规范高效的服务机制，完善法律、规划、政策，畅通信息发布渠道，建立健全服务信息系统，逐步实现网上受理、信息共享，着力解决政策服务“最后一公里”问题，营造受理程序简、办事效率高、服务成本低、中小企业满意的政务服务环境。

完善服务体系。提高中小企业服务体系的服务效率，丰富服务内容，完善服务功能。研究制定中小企业服务机构和平台的服务规范，加强小微企业创业创新基地、中小企业公共服务平台等载体能力建设，不断提高服务质量和水平。发挥中小企业服务平台网络骨干架构作用，加强互联互通，实现资源优势互补①。

① 《促进中小企业发展规划（2016）》。

三、新形势下，中小企业发展的措施与行动

（一）保证中小企业发展的工作措施

1. 加强组织领导。

发挥国务院促进中小企业发展工作领导小组及其办公室作用，完善跨部门协调联动工作机制，明确任务分工，强化责任考核，统筹政策、整合资源、协同创新。加强中小企业主管部门队伍建设，促进中小企业政策制定和服务工作迈上新台阶。加强规划宣传和工作指导，形成规划实施合力。

2. 加大财税支持。

发挥国家中小企业发展基金作用。通过国家中小企业发展基金，带动地方、创业投资机构及其他社会资本投资种子期、初创期成长型中小企业。鼓励有条件的省市设立地方中小企业发展基金。加强体制机制创新，引导各类社会资金支持传统产业改造升级、节能减排，以及现代服务业、战略性新兴产业、现代农业、文化产业和民族特色产业等领域初创期中小企业发展，支持中小企业“专精特新”发展。

加大财政资金支持。各级财政统筹安排各类服务于中小企业发展的资金，创新资金投入方式，对中小企业公共服务体系等市场薄弱环节予以支持。发挥财政资金杠杆作用，建立促进中小企业发展的市场化长效机制。继续完善促进中小企业发展的政府采购政策，加大政策执行监管力度，确保政策时效。

加强中小企业税收优惠政策支持。进一步落实好各项税收优惠政策，让广大中小企业知晓用足政策。结合新情况、新问题，统筹研究有利于中小企业发展的税收政策，加强政策储备。

3. 加强融资保障。

推动金融市场发展。支持民间资本发起设立银行等金融机构，大力发展中小金融机构及普惠金融，推动互联网金融规范有序发展。鼓励设立各类中小企业基金、创业投资引导基金、风险投资基金等，引导股权投资机构为中小企业提供融资支持。创新和扩大中小企业债券、信托、票据发行方式和规模。推进

中小板、创业板、新三板和区域股权交易市场等发展。促进形成金融机构充分竞争市场格局，增加融资供给，便利中小企业融资选择及获取。

优化融资环境。推动形成中小企业融资政策体系，继续加强和深化各级中小企业主管部门与银行业金融机构合作，加大对中小企业融资支持力度。推动银行业金融机构创新适合中小企业特别是小微企业需求的金融产品和服务，发展应收账款、存货（仓单）等动产融资模式，推动开展供应链融资。建立和完善小微企业信贷风险补偿机制，扩大中小企业贷款规模和比重。

推进中小企业信用担保体系建设。推动设立国家融资担保基金，鼓励和推动有条件的地方设立政府性担保基金。加快组建省级再担保机构，完善以省级再担保机构（基金）为核心的担保体系建设，推进建立产权纽带关系，发挥其增信、分散风险作用。推动中小企业信用担保代偿补偿机制建设。推动发展国有及国有控股担保机构，鼓励国有资本参股民营担保机构。探索建立担保机构不良资产处置机制。完善银行与担保机构之间的合作，探索和推动在银行与担保机构间建立合理的贷款风险分担机制。鼓励和支持担保机构加强管理，创新业务，提高担保能力，扩大低收费中小企业担保规模。

推进中小企业信用体系建设。依托全国信用信息共享平台，推动建立中小企业信用信息共享机制。支持利用大数据以及各类信息资源，建立包括企业纳税信息、进销存信息、诚信经营信息等中小企业信用信息平台。鼓励各类平台畅通与银行业金融机构间的信用信息渠道，便于金融机构对中小企业进行评级及授信。鼓励各类信用服务机构提供有效服务，为中小企业融资提供便利。

4. 加强服务支撑，贯彻落实《中小企业促进法》。加快推进《中小企业促进法》修订，围绕财税支持、融资促进、创业扶持、创新支持、市场开拓、社会服务、权益保护等重点领域推动贯彻落实。强化《中小企业促进法》实施情况监督检查，切实发挥法律对中小企业保障和促进作用。

推动建立跨部门政策信息发布平台。通过政策信息发布平台，汇集涉及中小企业的法律法规、创业、创新、金融、市场、权益保护等各类政府服务信息，为中小企业提供便捷服务。推动建立和完善各项政策的公开、共享和贯彻落实监督机制。

支持公共服务平台提供一站式服务。鼓励各类服务机构通过多种形式，为中小企业提供创业辅导、项目开发、风险评估、管理咨询、信息交流、信用服务、市场营销、投资融资、登记注册、财税代理、贷款担保、产权交易、技术支持、人才引进、人员培训、对外合作、展览展销、法律咨询和法律援助等专业化服务。建立服务机构绩效评价标准，开展服务对标与服务能力竞赛。

推动建立中小企业维权机制。推动各地重视和发挥中小企业维权服务机构作用，支持中小企业服务机构帮助中小企业提高维权的意识和能力，规范市场主体交易行为，防止大企业违约拖欠中小企业货款。

5. 加强运行监测，推动建立和完善中小企业的分类统计、监测、分析和发布体系，逐步建立中小企业市场监测、风险防范和预警机制。利用互联网、大数据等手段，及时了解中小企业运行和发展情况，对中小企业发展态势及时进行研判、科学预警，为研究制定和完善促进中小企业发展的政策和决策提供基础支撑①。

（二）保障《规划》落实的关键工程与行动

1. 开展“互联网＋”小微企业专项行动，重点提升互联网与信息技术应用能力，推动发展新业态、新模式，加强互联网与信息服务支撑等方面工作。

2. 开展“专精特新”中小企业培育工程，重点鼓励专业化、精细化、特色化、新颖化发展。

3. 开展服务能力建设工程。重点培育与发挥小微型企业创业创新基地建设，推动中小企业公共服务网络平台的有效运转，提高中小企业公共服务平台的服务能力，创新服务方式，提升行业协会、服务联盟、综合性服务机构服务能力。

4. 产业集群发展能力提升工程。优化产业集群发展环境，推动智慧集群建设与试行，提升产业集群的协同创新能力，推动产业集群的品牌建设。

5. 开展中小企业管理能力提升工程，推定中小企业建设现代企业制度，推动中小企业管理咨询服务，管理创新与人才培养工作。

6. 开展中小企业国际化促进专项行动。发挥中小企业双边多边对外合作

---

① 《促进中小企业发展规划（2016）》。

机制的作用，加快中小企业“走出去”和“引进来”，鼓励和支持中小企业服务机构“走出去”推动开展展览展示活动[①]。

从近几年来中小企业的发展态势看，中小企业的发展环境不断得到优化，一系列审批项目及乱收费问题得到很大改善，企业的税赋负担有进一步降低的趋势，多年来中小企业发展桎梏的融资难、融资贵的问题也有一定程度的缓解。随着就业大军加入，中小企业群体在不断壮大，新业态、新产品、新模式层出不穷，但是经营环境依然严峻，主要是经济下行的压力没有根本扭转，中小企业的结构转换、升级换代还面临着许多困难，任务依然比较艰巨，企业“走出去”、“引进来”还不畅通，还有扶持政策“一公里问题”仍为彻底解决。凡此种种都制约着中小企业的成长发展，我们还必须从激发企业活力，促进企业转型，拓展企业发展空间，提高企业服务水平等方面多做工作。其间的建立中小企业担保体系的问题研究与落实，突显其作用与意义。

第二节　信用担保行业及其企业面临形势与问题

信用担保行业及其担保企业，其服务的对象是中小企业，而中小企业的发展又直接反映了宏观经济及区域经济发展的状况，担保行业及其企业的发展也受制于宏观经济的影响。经济周期的变化在担保行业的具体表现为，经济增长及稳步发展时期，担保行业面临的信用风险小；在经济下滑或出现波动时，担保行业的信用风险明显加大。现阶段，我国的宏观经济面临着不小的下行压力，经济增速放缓，企业特别是中小企业经营出现了困难，企业的信用水平下降，融资难、融资贵的问题有增无减，银企合作形势趋紧，银行业的不良率居高不下，担保行业面临风险在不断上升。其主要表现是：

第一，担保业务的增速放慢。担保行业规模在经历了2010—2012年的快速增长后，从2013年开始增速明显放缓，2014年末在保余额为2.74万亿元，同比只增长6.39%，增速下降了12.78个百分点。同时担保机构的数量也在减

① 《促进中小企业发展规划（2016）》。

少，2014 年末行业融资担保机构由 2012 年的 8590 家减少到 7898 家，连续两年负增长。

第二，担保经营风险在不断加大，在现存的担保模式的制度设计中，担保企业只有贷款利率 50% 的收费空间，银行贷款利率为 7%—10%，而担保费率 3%—5%，这还是商业性担保机构的取费，政策性、互助性担保机构的取费就更低。3%—5% 的取费承担着几乎全部信贷的风险，严重影响了担保公司业务的可持续发展。担保公司承担代偿付压力很大，往往一笔代偿付，就会吃掉几十笔担保业务的利润，甚至有的公司，即使不付出代偿费，由于其取费的低廉以及业务经营的限制，也仍然出现亏损，很难弥补经营成本，风险准备金的提取只能是纸上谈兵。3%—5% 的取费尽管对担保公司来说偏低，不足以覆盖风险进行可持续经营，但对实力不济的中小企业来说无疑是雪上加霜，同时，为了防范风险，担保公司还要求融资企业进行反担保，缴纳保证金和风险准备金，更加重了中小企业的负担，加之担保费率与银行贷款利率联动，高贷款率必然要求高担保额（率），因此，贷款难的问题往往于贷款贵交织在一起，让人苦恼纠结。

第三，银行不良率居高不下，增加了银担合作的难度。近年来，在经济下行的压力下，我国的金融风险不断加大，商业银行的不良贷款率再上升。据统计，2014 年末，中国银行业的不良贷款余额为 0.84 万亿元，不良率为 1.29%，较上年上升了 0.29%，信贷资产质量在不断下降。为了控制不良贷款率，银行停止了一些资产质量不高的企业贷款，中小企业就首当其冲，银行收紧银担合作渠道，降低了担保机构的授信额度，甚至有些地方出现了银行与民营担保机构合作的终止，加大了担保公司的经营压力，压缩了其经营空间。

第四，担保紧缩出现“真空”地带，担保公司违规经营时有发生。近年来，担保公司不断出现“跑路”事件，资金链断裂，已影响到担保行业可持续发展。担保公司尽管从事的是促使银行与企业达成交易的业务，但又不属于融资机构，承担着交易风险，并未纳入金融监管体系。2009 年设置的“融资性担保业务监管部际联席会议办公室”是一个松散的组织，且工作重点在于风险防控。现在通行的做法是，审批权与监管权在地方政府，有工信委、经委分管的，也有地方金融办或财政部分分管的，很不统一，无论是准入门槛还是监管的内容及宽严程度差别很大，缺少监督能力，甚至采取尽管分摊的办法，担保公司数量不少，质量不高甚至良莠不齐，违规甚至违法经营也就很难避免。

要分析民族地区中小企业信用体系建设路径，必须了解与把握现阶段担保信用的特征与趋势。

这里，我们把由“上海新世纪资信评估投资服务有限公司”发布的，由章俊、周小白署名的《2015 年中国担保行业信用分析报告》中阐述的“担保行业信用特征”相关内容进行撷取，供学习与研究民族地区中小企业区域性担保体系建设路径时参考借鉴。

1. 市场主体不断丰富，但机构数量进入负增长阶段，机构间信用水平分化加剧

一体两翼”担保体系建立健全，但民营担保机构数量不断收缩。在担保行业的发展过程中，按照担保机构的性质和目标划分，有三种常见的担保模式：政策性担保机构、互助性担保机构和商业性担保机构，这也是中国在 1999 年《关于建立中小企业信用担保体系试点的指导意见》明确规定下形成“一体两翼”担保模式。其中，“一体”是指中小企业政策性信用担保机构，“两翼”是以中小企业为服务对象的互助性和商业性担保机构。不同运作模式的担保机构，在满足企业多样化担保需求方面各有利弊。政策性担保机构或国有商业性担保机构的优点在于：国有担保机构资信良好有较强的信用保证，当企业发生贷款违约时，首先由国有担保机构向贷款人代偿。国有担保机构实力雄厚，有政府财政为背景，资本补充能力强，且与政府关系更为密切，必要时获得政府支持的可能性很大，代偿风险承担能力强，因此将贷款违约风险传递给贷款机构或个人的风险非常小，更容易得到贷款银行的合作与支持，更有效地促成中小企业贷款的实现。相比之下，民营担保机构股东实力不强，在担保业务及资本补充等方面的支持力度有限，业务风险的容忍度高，竞争优势不足，发展受限。从 2009 年开始，行业部分负面信息使商业性信用担保机构遭遇信任危机，加上严峻的宏观经济形势，小型、民营信用担保机构的经营压力明显增加，行业进入规范整顿阶段，不同类型信用担保机构资质出现分化。民营担保机构自 2011 年进入负增长阶段，民营担保机构的数量在减少。

2. 直接融资担保及非融资担保快速增长，业务结构有所调整

中国担保市场业务由再担保业务和直保业务构成，通常再担保业务由政府审批的为数不多的政策性再担保机构承接，一般商业性担保机构仅从事直保业务。根据银监会统计，2012 年至 2014 年末，融资性担保余额在担保总余额中的比重分别为 83.52%、86%、85.4%。融资性担保业务仍占据主导地位，银担合作产生的间接融资担保仍然是融资性担保的主要业务品种。但受银行信贷收紧的影响，增速放缓。随着金融市场改革深化，金融产品创新层出不穷，金融市场对风险的分担与增信需求的不断扩大，担保机构的担保业务逐渐延伸到直接融资市场，包括对企业债、中票、短融、中小企业集合票据等公募融资工具的担保，对中小企业私募债、信托计划等私募产品的担保，以及对互联网金融兴起下 P2P 平台产品的担保。有关数据显示，2014 年，担保机构承保的债券新发行数量为 217 支，规模为 1372.86 亿元，同比增长 77.16%。当年末，担保机构在债券市场担保余额已达 1760.23 亿元，同比增长 63.31%，高于融资性担保业务增速近 50 个百分点。担保机构在债券市场中的重要性日益凸显。随着债券市场的进一步扩容，担保机构担保业务将具有更为广阔的发展空间。

非融资性担保因风险相对较低而受市场欢迎。担保机构除提供融资性担保服务外，还开展非融资性担保。传统的非融资性担保主要包括工程履约担保、诉讼保全担保等，由于非融资性担保较为零散，担保费率较低，故总体规模相对较小，发展速度相对缓慢。自 2010 年证监会发布《关于保本基金的指导意见》以来，保本基金作为新的非融资性担保品种，受到担保机构的发展重视。保本基金担保发展迅速，受到大型国有担保机构的重视。在中国宏观经济下行，担保机构为了规避或分散融资性担保风险，不断扩大非融资性担保。根据银监会数据统计分析，2014 年末，非融资性担保余额同比增长 10.96%，高于担保总余额增速 4.57 个百分点。作为相对而言的低风险业务，未来非融资性担保仍有较大发展空间。总体来看，传统银担合作渠道下的间接融资性担保仍是担保机构的主要业务和收入来源。但债券市场增信需求的快速上升，为资本实力强的大型担保机构提供了新的业务渠道和发展空间。另外，非融资性担保近年来逐步得到重视，未来也将成为担保机构拓展低风险业务的新选择。

3. 行业盈利空间受限，风险分担机制不足，高风险低收益业务模式亟待调整

中小企业盈利能力较弱，信用能力和意识均较低。目前，不论是民营担保机构还是国有担保机构均面临高风险、低收益的业务模式困境，各类担保机构不得不在实现政策目标、资产保值增值和风险管理中艰难寻求平衡。担保行业高风险低收益业务模式亟待调整。

行业担保能力不足，盈利空间受限，代偿压力加大。担保机构的收入来源主要是担保费收入，但国家对担保费的费率有上限要求，即担保费率不高于人民银行制定的商业银行同期贷款基准利率的一半，目前行业担保费率平均水平为2%—3%。必须在担保机构净资产20%以内进行风险投资，并且资金的投向有着严格的管理与监督。此外，担保机构还需计提担保赔偿准备金率（在保余额1%）和未到期责任准备金（担保收入50%）。这在制度上限制了担保机构的盈利水平。担保机构平均资本回报率不高，盈利水平不高。但就行业的代偿情况看，代偿金额在不断扩大，代偿率不断上升。根据银监会数据显示，2013年末融资性担保的代偿余额为413亿元，同比增长100.3%，担保代偿率为1.6%，同比增长0.4个百分点。在宏观经济增速不断放缓的情况下，代偿风险整体仍趋于上升，担保机构代偿压力较大。

反担保变现困难，比例分担及再担保缺乏，行业风险分担机制不足。担保机构在开展业务时，承接了银行等金融机构转嫁的全部信用风险，但所获得的收益却较低，往往需要建立有效的风险分担机制，以反担保、比例担保及再担保等方式化解或分散自身所承担的业务风险。

“高收益”业务诱发部分担保机构违法违规经营受宏观经济下行以及银行信贷政策收缩等不利影响，中小企业的融资被迫更多地转向民间借贷，银行信贷政策的紧缩也导致民间借贷利率不断上升，全国多个地方民间高利贷现象突出。受担保盈利模式的限制，一些担保机构在高收益的诱惑下，参与其中，使自身暴露于极大的金融风险之中①。

① 章俊、周小白：《2015年中国担保行业信用分析报告》，https://wenku.baidu.com/view/2d98d638172ded630a1cb636.html，2015年。

第三节 民族地区中小企业担保体系建设路径

一、建立国家融资担保基金，充分发挥政策性担保机构引领作用

2015 年国务院下发文件，特别提出了研究设立“国家融资担保基金”，这对完善融资担保行业的机构设置，健全担保风险的分散机制，从而促进担保行业的可持续发展具有十分重要的战略意义。“国家融资担保基金”是担保行业的顶层设计。《中小企业促进法》第十九条规定“县级以上人民政府和有关部门应当推进和组织建立中小企业信用担保体系”；第二十条规定“国家鼓励各种担保机构为中小企业提供信用担保”。政府性的融资担保不但体现在国家融资担保基金、省级再担保和有条件地区担保基金不同层面，而且还包括政府支持的各类融资担保机构、对融资担保机构的建设，在强调政府的主导作用的同时，强调其“专业管理与市场运作”。

“国家融资担保基金”，按照政府扶持与市场主导的原则，在增加融资担保供给总量与提高担保行业运营效率上发挥引领主导作用，以缓解中小企业及“三农”融资难、融资贵的难题。重点设立省级再担保体系，分类分级开展增信，分散风险等再担保业务，推动再担保机构以股权投资与再担保业务为纽带，控股与参股一些地方性融资担保机构建设，完善公司治理结构，增加担保总量，按市场化运作担保业务。支持鼓励有条件的县区政策设立政策性担保基金，并有选择地参股一些跨地区经营，主业突出、信誉较好、经营规范的融资担保机构，做强做大担保业务，更好地为中小企业融资服务。政府主导的省级再担保机构在 2018 年底实现全覆盖。

国家信用担保机构，要研究制定包括人力资源、财务核算、风险防控在内的担保行业技术规范标准，并配合国家相关部门，根据担保行业的发展现状与问题，研究出台规范担保行业发展的法律法规，并从更高层面上，研究担保行业的风险分担机构，推动银担、银企、企担间的公平、公正、公开的合作

发展。

国家有计划发展一批以省级、地方级为重点，以政府融资为主的经营规范、信用良好、聚焦主业、服务小微企业与“三农”的政策性融资担保机构，并支持融资担保机构的兼并重组，做强做优。对政府性的融资担保机构，加大财政减免税收的政策优惠，并减少或取消其政策性担保机构盈利要求，提高对中小企业和“三农”贷款的风险容忍度，降低担保业务的收费标准，创新分类监管与差异化管理模式，建立规范融资担保的长效机制，有效防控金融风险。

二、规范融资担保机构业务发展流程，保证担保业务的制度化

根据《公司法》、《合同法》及《融资性担保业务的制度化办法》等法律规范，制定融资性担保机构的业务操作流程。担保公司的担保业务流程规范，应遵循各业务岗位、部门相互制约和共同（集中）审批的原则。在明确岗位职责的基础上，担保业务操作实行审、保、偿分离制。在担保项目的初审阶段，实行项目经济 A、B 角制度，在业务操作上，部门和岗位间建立相互融合、相互制约、相互监督的工作关系；在项目的评审中，实行评审会制对项目进行集中审议。对集中审议的项目再进行比较筛选，最终由决策委员会进行审批。在出保环节，要按照协议拟定合同、落实反担保措施、签订担保合同的程序，亦步亦趋，要程序化、规范化。在担保项目的代偿阶段，代偿的审核确定、代偿后的追偿措施等程序，都要按照操作规程规范操作，确保担保项目的程序与规程。

1. 突出审批的重要地位

在评审环节，首先是项目的授理，面对具有担保需求众多经营实力参差不齐的中小企业，担保机构的担保能力是十分有限的。对此，要明确受理标准，担保业务的受理标准可以将那些风险较大的、规模较小的企业直接拒之门外，提高担保业务的效率。担保机构根据各地的中小企业普遍情况，按照经营的稳定性、连续性、资产规模性及经营者的信用等条件，设置担保业务的准入标准。在项目的调查初审阶段，实行 AB 角经济制，以 A 角为主，B 角主要任务

是从项目调查的客观性、完整性以及资料的全面性来审核项目，AB 角在达成一致意见后，共同出具担保项目“调查报告”。一份完整的调查报告应包括项目申请企业的基本概况、融资用途、经营情况、财务状况、信用记录、缴纳税赋情况、反担保措施、风险评价等企业经营全部内容。初审后的评审阶段，采取审批会制，对担保项目进行集体评议，评委由公司领导、各职能负责部门负责人组成，有条件的担保公司可聘请外部评委。外部评委，最好具有财务、法律、金融等专业背景，这有助于降低评审风险。从程序上看，应对评审会议过程作必要记录，评委都应出具评审意见书，统一归档，并与项目的实施情况对比，提高评审的质量。审批程序实行层层审批制，通常审批层不参与项目的评审，同时，担保的审批层次与担保项目的大小、公司的资本金以及担保规模挂钩，做到有节、有序和有效。

2. 规范出保环节工作的程序

该环节应主要规范合同签署的条件和担保相关的法律文书。担保文书主要有“担保协议”、“反担保合同”、“银行担保合同”，合同、协议签订要征求法律部门的意见，保证其合法性和有效性，确保担保机构的权益，合同、协议等文书应是标准化的格式，避免条款的随意性，需要办理抵押、质押手续的，要依规范登记办理。

3. 积极做好代偿环节的各项工作

代偿环节涉及代偿责任的确定、代偿金额的审定、代偿后的追偿及损失责任的调整。在操作流程上，在接到银行担保贷款逾期的通知后，由项目的主办人员填写代偿审批单，出具代偿审批报告，主要明确代偿金额和代偿原因，先由法律人员根据签订了的协议、合同核定代偿责任范围，再送有权审批人审批。担保项目发生代偿后，相关的法律文件与相关资料应转交责任追偿的相关部门，落实追偿人员，追偿工作要求项目的经办人员协助，追偿人员应在一定时间内提交代偿项目的追偿情况和代偿责任调查报告。这项工作具有一定的难度和复杂性，亦具有一定的风险性。但对担保机构而言是一项很具挑战性和效率性的工作，应派精兵强将创造性地开展工作。

担保业务的评审、出保、代偿三个环节之间紧密联系，相互衔接，再担保流程上要保持规范与流畅，更重要的是要建立环节之间与各环节内工作程序之间的互相监督与相互制约机制，避免“一言堂”的独揽做法，有效预防担保机构的道德风险与操作风险。担保机构的工作人员要有明确的岗位职责与分工，应彼此独立、相互制约、相互监督，文件传递应严格按照次序由各程序环节的责任人交接，确保分工明确，责任到人，同时，还应在实践中根据实际情况对工作流程进行改进，使担保业务流程更为合理、科学，以有效防范与控制风险。

三、完善资本金补充与风险补偿机制，实现担保机构的可持续发展

从担保市场需求与市场供给来看，随着中小企业发展的壮大，经济总量不断扩大，要实现规模经济与规模效益，担保机构的资本金扩充是必然结果。众所周知，担保机构主要是依托信用，即大于资本金若干倍的信用能力来为中小企业贷款提供信用担保，担保机构信用主要由履约意愿与履约能力构成。从业务发展状况来看，担保机构履约意愿是从属于其履约能力的，也就是说，如果担保机构的良好信誉与履约意愿是中小企业能够获得合作银行贷款的前提，那么，其资本金充足能力与风险防控能力则是中小企业获得合作贷款的基础。从目前的情况看，合作银行能够接受的担保机构放大倍数不超过 5，这就意味着担保机构的担保规模只能是其资本金的 5 倍，显然一个出路在于增加担保公司的资本金规模，另一个就是提高其放大倍数。后者要受制于合作银行，还要看担保企业状况，前者是担保机构自身能够实现的。因此，必须扩充担保机构的资本金规模，达到担保机构资金规模的理想状态。在满足中小企业一定贷款规模需求的情况下，担保机构的保费收入可以保证其正常经营的开支并能够提取准备风险金来弥补代偿损失，这是其经营的安全边界。因此，担保机构除了自身通过发展来拓展资本规模途径外，还应吸收社会资本（包括外资）的股权投资，接受合作银行的股权投资或捐赠，个人及社会的捐赠。可以探讨商业性担保机构的上市融资等来扩充资本金规模。要说明的是，在担保体系建立的初期，政府设立资本金补充制度与机制是必要可行的。

在建立资本金补充机制的同时，应设立担保机构的风险补偿机制，风险补偿机制能够解决担保机构收益与风险不对称、担保能力降低、资本金被侵蚀等

问题，提高合作银行的信任度。目前，有这样几种补偿方式值得尝试与推广。一是建立担保与再担保双层信用补偿机制。担保机构可以直面中小企业，对它们进行风险评价后提供担保；再担保业务可以直面担保机构，通过签订再担保协议，为担保机制提供一定比例的再担保（风险补偿）。双层信用补偿机制既增加了担保机构的担保规模，扩大了业务规模，又部分分散了担保机构的风险。二是政府设立担保机构的风险补偿基金。中央与地方政府财政部门，设立专项基金，专门用于为担保机构提高有限风险补偿，当然能够获得专项风险补偿基金的担保机构必须满足相应的条件与要求，比如风险准备金的提取和使用，代偿率、追偿金额的要求等。三是建立专项担保业务风险补偿机制。通过设立专项担保业务风险有限补偿基金来建立专项风险补偿机制，这种基金使用的客户群非常明确，譬如说高科技企业，产业链中关键环节企业。项目不论是前期筛选、中期考察、后期监管都要有详尽规定，而且各户群要有一定限制，优中选优，简化程序，形成批量组合贷款项目与客户。这种机制的运行必须尊重合作银行的意见，增加合作银行的"话语权"。

要规范担保机构的资本金充足率、代偿率、追偿余额以及风险准备金提取制度等方面的工作，强化监管。

四、规范并强化担保机构的监督管理

为规范我国担保业的健康发展，近年来颁布了各种规范与监管政策性文件，旨在加大对担保业发展的监管力度。监管内容涉及担保公司业务的全面监督，也涉及主要工作或专项内容。2010 年 3 月 8 日颁布的《融资担保公司管理办法》不仅对融资性担保公司担保业务种类、再担保及债券发行担保作出了明确规定，对不得从事的业务明令禁止，而且对融资性担保公司准备金提取也作了详尽安排。2012 年银监会融资担保部对该办法进行了修订。对融资性打包公司的对外投资比例和风险金提取办法有了新的改动。2010 年 11 月 25 日颁布的《融资性担保公司的内控指引》，就融资性担保公司内部控制及核心业务发展及其他业务规范等进行了规范要求。2011 年 6 月 21 日又出台了《关于促进融资性担保行业规范发展意见》；2014 年 1 月 7 日又发布了《关于清理规范非融资性担保公司的通知》；为促进跨境担保业务健康有序发展，2014 年 5 月 27 日出台了《跨境担保外汇管理规定》。2014 年 7 月 15 日融资性担保业务监管部际联席会议出台《关于促进融资性担保机构服务中小企业和“三农”发展的指导意见》；2015 年 8 月，国务院又出台了《关于促进融资担保行业加快发展的意见》；为促进银担合作，平等实现银担双方权益，于 10 月又发布了《银行业金融机构与融资担保公司业务合作指引（征求意见稿)》。近年来陆续出台了《银行业金融机构与融资性担保机构业务合作风险提示》、《规范保险机构对外担保有关事项的通知》，这一系列通知、规定与《担保法》在一定程度上保证了担保行业的发展。目前监管方面还面临不少问题，诸如监管主题不明确、法律法规不健全，监督执行力度不大，联席会议对地方政府部门缺乏约束，担保公司从事超范围经营和非法经营等问题，必须加以解决。

第一，进一步明确监管主体。担保机构的运作方式与风险控制机制同金融机构相似，应该明确中国人民银行为其业务指导部门，银监会对其业务经营发展与实施监管，避免现行的这种多部门监督，监管不落实，使监管更明确更专业。

第二，实施分类监管方式。对政策性担保机构、互助性担保机构、商业性担保机构区别对待，分类监管，对政策性机构的监管重心是合规性监管，互助性、商业性担保机构监管的重心是合规性与风险性并重监管。

第三，加强担保机构的自律性管理。要健全自律性组织机构，自律性组织机构要发挥其在规范经营行为、开展教育培训、行业信息公开共享、加强职业道德、提高专业素质等方面的作用。

第四，严格市场准入制度，提高行业准入门槛，防止出现虚假注资，超范围经营与不作为经营，扶持担保机构依法合规经营，进一步扩大担保机构的经营规模，提高担保能力。同时，对担保机构的内部控制制度与机制建设予以高度关注。担保机构要建立现代企业制度，完善法人治理结构，加强风险管理，建立健全完善的信息披露制度。政府可在注资、税收、费率上给予优惠，使担保机构最大限速地发挥其在中小企业贷款融资方面的作用，为中小企业服务。

五、培育一支高素质的担保业务专业人才队伍

担保业务的全新发展，离不开专业人才。建立一支高素质的担保业务专业人才队伍，也是实现担保行业可持续发展的重要条件。

1. 广泛选拔专业人才

担保作为一个新兴行业及朝阳产业，需要专门的人才进行专业的经营与管理。首先，可从金融机构中选拔一批有过从业经历与专业能力的精英人才、金融精英的加入，可以使担保业务特别是处于发展初期的担保业务迅速启动并发展。其次，可以从从事非银行金融业务的中介机构，如会计师事务所、律师事务所、投资公司、评值估价公司等吸引一批人才，加入到担保队伍中来。最后，接纳一批具有经济学、金融学、法律或行业专业背景的人才，通过专业的培训与教育，服务于担保业务发展，从长远看，这部分人才是主力军。不仅如此，从事担保业务的专门人才还应具有较强的学习能力，不断更新知识，勇于接受新事物，具有创新精神与较强的创新能力。

2. 建立科学的人才管理制度

保证人才合理有效的使用是现代公司共同面临的课题。按照业务规范发展的要求，建立实习培训制度、业务业绩考核与职务晋升制度、业务创新制度等，提高管理的科学性，既不能挫伤员工的积极性，还要有稳定队伍留住人才的相关制度，制度管人、制度留人、灵活用人。确保业务发展的人才需求。

3. 完善激励约束机制

构建以业绩为中心，以资产规模、效益、增值保值相关联的分配制度，可实行年薪制、股权、期权等多元化的分配，完善奖励制度，对有突出贡献的经营管理人才予以奖励。要精神奖励与物质奖励相结合，发挥经济利益与社会价值的双重激励作用。在组织中还要建立有效的沟通联系机制、人才保障机制，以实现以事业造就人、以环境凝聚人、以机制激励人、以法制保障人的人才管理制度体系。

第四节　民族地区中小企业信用担保体系的外部环境建设

一、完善信用担保相关法律法规体系

经过多年的发展，随着担保行业的成长，国家出台了相关的法律法规，各地政府也出台了结合当地信用担保业务发展的实际办法与规定。其中有《担保法》、《物权法》、《合同法》、《中小企业促进法》等法律，《融资性担保公司管理暂行办法》、《中小企业信用担保资金管理暂行办法》、《关于促进融资性担保行业规范发展意见》、《关于促进商圈融资发展的指导意见》、《规范保险机构对外担保有关事项通知》、《私募债发行规则》、《国九条》、《新九条》等法规。相关法律法规的颁布与出台，对担保行业的发展起着指导与引领作用，从而在一定程度上缓解了中小企业融资难、融资贵的问题。纵观各国中小企业信用担保成功运作经验，中小企业信用担保体系的建立与发展必须建立在良好的法律环境下，体现在立法、依法、合法与执法等方面。建立健全中小企业信用担保的法律法规体系，是信用担保业务市场化、规范化发展的保证。

（一）借鉴国外成熟担保法律法规，修订完善《担保法》

《担保法》是全国人大制定的调整担保活动的根本大法，它贯彻民商法的一般原则，注意保护主体的平等性、当事人意志，注意保护交易的安全、债权人的利益，对中小企业信用担保业、信用担保机构基本上没有涉及。《担保法》规范的是多种中小企业平等主体间横向的、广泛的担保行为，而中小企业信用担保单行法规的规范则是纵向的、有一定范围的特定担保主体的担保行为。对中小企业信用担保方面的单行法规应起统领作用，中小企业信用担保机构的担保行为属于广泛的担保行为的一种，仍然受《担保法》的调整。因此，必须对《担保法》作相应的修改、补充和完善。《担保法》对信用担保业进行初步的规范，搭建起信用担保体系的基本框架，明确信用担保活动的基本规则，为中小企业信用担保打下良好的法律基础。

（二）出台专门的《中小企业信用担保法》

中小企业信用担保作为一个新生事物，仅仅依据《担保法》、《合同法》还不足以解决中小企业信用担保操作中的法律困难，有必要专门针对中小企业信用担保问题予以立法。中小企业信用担保机构属于专业信用担保机构，它应当得到专门的法律法规的必要支持和调整。目前我国《担保法》的调整对象是一般企事业法人或自然人的非专业担保行为，尚不能完全适合专业性信用担保机构，这对中小企业信用担保机构的生存和发展非常不利。国际上比较重视中小企业发展的国家一般都有专门的中小企业信用担保法。如日本《中小企业信用担保协会法》、《中小企业信用担保保险公库法》，对中小企业信用担保业务操作中的问题给予了明确的规定。通过专门的中小企业信用担保法，可以改变担保机构在税务优惠、行业财务制度和风险责任准备金的提取等操作上无法可依的状况；可以规定各级政府财政每年按一定比例拨款补充中小企业信用担保基金；可以明确规定信用担保机构与协作银行间责任的划分比例、风险分摊比例等。因此，我国应尽快制定《中小企业信用担保法》，逐步健全我国中小企业融资担保体系，对担保机构的资格认定、准入制度、行为规范、法律责任、风险分担等方面作出详尽规定，使中小企业信用担保机构的建立和运行有法可依，依法解决我国中小企业融资困难的问题。

（三）制定与中小企业信用担保相关的配套法律法规

从国际经验和我国实践看，中小企业信用担保只是整个信用担保体系的一个部分，其效能依赖于其他相关部门的配合，如立法的配合、银行的配合和企业的配合等，其中相关立法的配合是基本前提。出台担保配套法律，如《中小企业基本法》、《中小企业信贷法》、《反垄断法》、《中小企业振兴法》等，有助于明确政府对中小企业的政策方针及政府各部门在扶持中小企业发展中应担负的责任，特别是金融机构在担保业务中所承担的出资义务和风险分担责任。由于担保机构目前在性质上还带有较强的扶持中小企业的责任，在经营上呈现出高风险、低回报的特点，在业务上还不具备盈利的条件，因此政府有必要通过立法形式解决中小企业担保资金筹集、补偿上的财政问题。应制定涵盖信用等级评定、资信评估、咨询机构和公共信息、数据的取得与使用程序等在内的社会信用体系法律法规，以利于中小企业信用担保体系的发展和完善。

1. 针对信用担保机构的性质实行分别调整。政策性信用担保机构主要为中小企业进行政策性信用担保，不以营利为主要目的，是执行国家经济政策的工具；互助性信用担保机构主要为会员企业提供信用担保服务，实行市场化运作，独立经营、自负盈亏，但是营利也不是其主要目的；商业性信用担保机构是以营利为目的，主要以商业化、市场化动作为活动方式的市场主体。政策性信用担保机构、互助性信用担保机构与商业性信用担保机构有很大差别，存在分别调整的必要性，如果勉强糅合在一个法规中，可能会出现太多的冲突，缺乏针对性与可操作性。

2. 中小企业信用担保方面配套法律、行政法规要与《担保法》、《合同法》、《公司法》协调一致。地方政府可以在国家层面的法律法规基础上制定相应的地方性法规、政策，这在民族地区显得尤为重要，且民族地区又具有可行的方法。一方面对《担保法》予以补充，另一方面体现对中小企业的扶持与倾斜原则。对中小企业信用担保业务作补充性规定，使得担保机构在业务操作中有了更完整的法律依据。

（四）强化法律法规的宣传教育，加大执法力度

通过开展担保法律法规的宣传教育，让中小企业经营者明确并强化担保权利义务观念，自觉遵守法律，严格按法律办事。要在健全中小企业信用担保法律体系的基础上，严厉打击借担保为名故意拖欠贷款和通过虚假信息进行“骗保”、“骗贷”活动，增强执法的透明度。充分体现保护债权人利益的原则，强化违约责任追究，对逃避债务的单位要处罚，对恶意逃避债务的企业高级管理人员和直接责任人员构成违法的，要依法追究法律责任。

二、加快社会征信体系的建设，建设诚信社会

党的十八届三中全会强调，要加强诚信建设，建立健全社会征信体，褒扬

诚信、惩戒失信。早在 2014 年 6 月，国务院印发了《社会信用体系建设规划纲要（2014—2020 年）》，部署加快建设社会信用体系，构建诚实守信的经济社会环境。习近平总书记曾指出："人而无信，不知其可；企业无信，则难求发展；社会无信，则人人自危；政府无信，则权威不立。"李克强总理强调："信用是市场经济的'基石'，加快建设社会信用体系，是完善社会主义市场经济体制的基础性工程，既有利于发挥市场在资源配置中的决定性作用，规范市场秩序，降低交易成本，增强经济社会活动的可预期性和效益，也是推动政府职能转变，简政放权，更好地做到"放""管"结合的必要条件。"社会征信体系建设已渗透到中国经济社会领域的各个方面，对经营"信用"产品的担保行业作用更为重大。近几年来，社会整体信用意识在觉醒，社会的公信力指数有了明显提高，据有关资料反映，政府公信力指数由 2005 年 60.5% 提高到 2014 年的 74.1%，增长了 13.6 个百分点，平均增长 2.07%；企业信用指数由 2005 年的 53.7% 提高到 2014 年的 68.2%，增长了 14.5 个百分点，增长率由最初的负增长到 2013—2014 年的 16.58%；个人信用指数十年来一直保持在 66%—70% 之间，是三者信用最高的。当然在征信体系建设方面，依然还存在不少问题，主要有全社会的整体意识还需要进一步提高并加强，企业个人信用的获取渠道还不通畅，相关的法律法规还需要进一步完善，政府对社会公信产品的供给还比较有限，监管力度也不到位。这些问题都必须加快解决。

1. 进一步完善征信的法律体系。参照发达国家的经验，征信法律体系应该覆盖三个内容，即企业与个人信息获取的合法渠道与覆盖范围，完善的失信惩戒机制。为信用中介机构的发展制定边界与框架。为此，要强制开放有关征信数据，明确界定公开征信数据的主体及征信数据的范围，并以立法形式向全社会公布；要保证公开数据的真实性；要以法律的形式来保障公民的隐私权；要规范征信数据使用者的行为。要依法收集，整理和使用征信数据，对篡改与提供虚假信息者予以严惩，绝不姑息。

2. 建设完备的征信数据库，维护信用信息的安全。征信数据库是社会征信体系建立的基础条件，没有数据库一切都无法实现。在公共信用数据方面，政府在将各类信用信息纳入数据库中后，要保证各类数据的完整性与备查性，保证数据的透明公开。在内部信用信息方面，明确信息的获取者只能是政府与有权信用机构，确保信息的安全使用。在保障信用信息安全性方面，中介机构与政府要加强信用数据库的安全管理，设置严格的访问权限，防止信息的泄漏；同时，还应该加强对泄漏信息行为的惩戒，打击违法犯罪行为。要时刻体现信用信息的公共产品性质。

3. 实施小微企业信用体系建设工程，探索区域性信用合作。建立健全适合小微企业特点的信用记录与评价体系，完善小微企业信用信息查询，共享服务网络与区域性小微企业信用记录。引导各类信息服务机构为小微企业提供信息服务，创新小微企业集合信息服务方式，鼓励开展形式多样的小微企业诚信宣传和培训活动，为小微企业便利融资和健康发展营造良好的信用环境。在创新建立地方性信用平台的同时，要积极探索，建立区域性信用平台及信用联动机制，开展区域性信用体系建设创新示范，推进信用信息共享，实现跨地区信用奖惩联动，优化区域信用环境。

4. 培育与规范信用服务市场发展各类信用服务机构。逐步建立公共信用服务机构和社会信用服务机构互为补充、信用信息基础服务和增值服务相辅相成的多层次、全方位的信用服务组织体系。

三、建立全新的银担合作关系

（一）加强沟通，协作共建信用担保体系

要建立担保机构与金融机构，特别是与国有商业银行之间良好的协作关系并非一蹴而就，需要在体制、观念以及市场机制等方面做深入细致的工作。

其一，要深化国有银行的体制改革，进一步推进国有银行商业化经营改革的进程，明确国有与公司化运作的产权关系，科学构建法人治理结构，强化内控管理机制，提高市场（国际）竞争力以及防范金融风险的能力。

其二，国有商业银行要尽快转变思想观念，积极面对国际国内两个市场的竞争，客观地对待自己，同时要充分认识现存的各类信用担保机构的职能与作用，积极扭转对该行业歧视的态度，督促规范运行机制，加强沟通，协作共建我国的信用体系。

其三，实践反复证明，各类信用担保机构的建立与发展无疑是完善我国信用经济体系的重要举措，新生事物发展总有一个从不规范逐步到规范化发展的过程。各类信用担保机构都要在加强内控机制建设的同时，夯实机构的信用基础，稳健开展担保业务。面对激烈的市场竞争，重在提高自身的风险管理水平，通过经营业绩来取得各类金融机构的信任。担保机构与银行应加强信息交流，目前银行内部信贷登记咨询系统已实现地区或全国联网。为提高借款企业的信用透明度，便于对企业的保前审查，担保机构应与银行建立合作关系，共享中小企业信用数据资源，推动担保业务的顺利发展。

其四，根据“风险共担，利益共享”的原则，树立比例担保的观念。特别是我国已加入 WTO，金融领域的竞争越来越激烈，国有金融机构应根据国外的经验以及我国的实际情况，适时作出让步，进一步修改银行的条款。在担保机构与银行分担风险问题上，金融机构应承担一定的风险责任，担保机构以承担 80%—90% 的风险责任为宜，银行承担 10%—20% 的风险责任为宜。同时积极探索风险转嫁机制建设，这既可增强双方的责任感，有效地防范和控制贷款企业的信用风险，也可在一定程度上分散担保机构的风险责任，有利于担保业的繁荣与发展。

（二）深化金融体制改革，科学构建我国中小金融机构体系

在推动中小企业信用担保与国有金融机构平等合作、共担风险的同时，应大力发展中小金融体系。在我国经济由计划向市场转轨的改革过程中，国家政府在积极推动国有银行体制改革的同时，也对其采取了严格的内控和风险管理，以此将改革成本及其风险降到最小，致使近年来我国的中小企业以及民营经济发展到相当规模。民营金融机构虽然从市场中内生出来了，但不论是数量规模，还是经营实力与发展速度，都不足以与民营经济的发展相匹配，就信贷业务而言，仍然以国有商业银行为主导。贷款机构主要是几家全国性的国有商业银行，而无论理论研究还是实证分析都说明中小银行或中小金融机构更适合向中小企业提供贷款，大型银行向中小企业提供贷款的交易成本较高，这一问题致使大量中小企业陷入融资困境。在这种金融体系下，缺乏金融机构之间的竞争，即使有担保机构存在，也难以从根本上解决中小企业贷款难的问题。因

此在积极推动中小企业信用担保业规范发展的同时，应科学构建适应中小企业发展的中小金融机构体系。

（三）加强金融监管，共同防范合作经营风险

融资性担保机构要依法合规经营，建立完善的公司治理结构和科学的公司管理制度，突出主业与核心业务，创新发展，加强与改善内部控制和风险管理，建立审慎的会计财务制度和透明准确的信息披露制度，加强资本管理，充足拨备率，严格业务经营范围，禁止从事高风险行业投资，对代偿损失情况要及时补充，强调业务规范性，加强融资性担保业务自律组织建设，充分发挥自律性组织在自律管理、教育培训、资源信息共享等方面的作用。合作银行要优化与完善融资性担保机构承保贷款业务模式，适时推出适合中小企业需求与经营特点的信贷产品，提高担保贷款审批发放效率，合理确定贷款利率，建立有效的有限责任分担机制，对担保机构责任总余额按不超过其净资产的10倍掌握。及时掌握担保行业的动态信息，致力于融资性担保机构的长期、稳定合作，加强职业道德建设，实行业务回避制。合作银行从国家大局出发，认真贯彻产业政策等宏观调控政策，推动战略性新兴产业的发展，促进中小企业“三农”、“民生”项目的贷款创新，充分发挥担保机构的增信作用，将加强银担合作作为市场细分，拓展业务领域的一个重要途径，培育新的业务和利润增长点，不断推进金融业务的可持续发展。银、担、企三方积极探索新的业务合作模式，形成“风险共担、利益分享”的良好发展局面。

四、进一步加强中小企业信用制度的建设

一个健康发展的信用担保体系应该建立在健全的企业信用制度上。只有发展和完善中小企业信用制度，才能从根本上提升中小企业的整体信用水平，有效地减少信息不对称，降低信用担保风险，并从根本上解决中小企业融资难的困境。

（一）完善中小企业信用的内生机制

发展和完善中小企业信用体系，最主要的是规范中小企业信用行为，在中

小企业内部建立一个自觉、主动的优良信用产生的机制和环境。首先，应该完善企业产权制度。信用经济是以产权为基础的市场竞争形式，明晰的产权关系是履约的基本保证。中小企业信用制度的建立要以产权为基础，只有完善产权制度，企业的责、权、利才能明确，信用交易的授信方才有清晰的产权边界，能够独立地承担起相应的责任。其次，构筑企业信用理念。信用理念是信用经济得以存在的前提条件，也是建立中小企业信用制度的核心。中小企业本身要重视信用意识的培养，应具有将信用作为无形资产来经营的理念，通过建立诚信教育制度，坚持信用立业的理念，建立企业信用高于一切的企业形象。最后，建立现代企业信用管理系统。企业在信用管理过程中要做到科学、规范、有序、有效。信息的收集要快捷、有效，信用评估的程序和方法要科学、有序，有效减少交易双方信用不对称和信用失真。

（二）健全中小企业信用评级体系

建立一套既符合我国国情又能够跟国际信用体系相接轨的信用评估体系是完善中小企业信用体系的核心之一。信用评级体系的建立包括信用评级指标体系、信用评级方法、信用评级人才培养、信用评级行业组织的建立和发展。有关信用评级指标以及评级方法，在前面对信用担保项目风险的评价研究中作了相关分析讨论。由于信用评级工作是高度专业化的工作，需要全面地考察受评对象，因而要求评级人员具备管理学、财务学、统计学等多学科的知识。评级人员的知识面越广，经验越丰富，就越能把握受评企业的真实情况，评级结果就能正确反映受评企业的信誉状况。作为以知识服务为主的信用评级机构，人才是其核心竞争力的关键。因此，信用评级机构应当吸收具备良好教育背景的人才，并进行业务培训，开展业务交流，造就一支过得硬的专业信用评级人才队伍。成立信用评级行业协会，为参加信用评级的企业提供交流的机会和场所，通过市场、政策、法律法规等方面的支持，扩大评级的市场需求，使得评级结果成为企业生产经营的资质证书，使企业真正重视信用等级评级；还必须规范信用评级行业竞争。政府有关管理机构应加强管理，规范评级机构的竞争行为，为信用评级行业提供管理和服务。严格规范信用评级机构的业务经营行为，严厉处罚违规现象，整治评级行业的不正当竞争，净化企业信用评级的环境。

在健全中小企业信用评级体系过程中，政府进行必要的介入。因为地方政府对当地中小企业生产经营状况比较熟悉，信息相对充分，评价手段广泛，机构体系完善，能在较大程度上保证评价的真实性和有效性。首先，政府建立专管机构，具体负责中小企业信用征集，评价打分以及贷款项目的开发、受理，组织贷款协议，贷后管理和贷款本息催收工作。其次，政府出面组建评议小组，作为贷款评议组织，负责贷款的评议工作。评议小组人员除专管机构人员外，还包括中小企业经理，行业技术专家，工商、税务等部门有关人员。规定评议人员必须热心社会公益事业，作风正派，有较高威信，具有适应贷款评审工作要求的专业知识等。

（三）建立和完善中小企业信用档案与中心数据库

建立各类中小企业的信用档案库，为中小企业从金融机构获得担保贷款和信用贷款建立信用基础。信用档案库与中心数据库由征信公司建立。征信公司为股份制企业，政府参与并策划征信公司的组建和投资，协调数据收集等工作，征信机构采取市场化的运作模式。结合政府和企业自由经营的优点，发挥政府在宏观管理上的主导优势，以保障征信数据能在较短的时间内覆盖大多数的企业，同时保证了征信公司自主经营的高效率。征信公司通过建立技术设备较为先进、服务功能齐全、能覆盖本区域的独立运营网络，动态维护企业信息数据库，定期对企业进行信用评价，满足社会各界对企业信用档案和信用信息的需求。政府协调好金融、工商和法院等机构，积极推动组建独立的股份制征信公司。

（四）建立中小企业信用惩戒机制和利益激励机制

中小企业信用体系的建立离不开一个良好的可持续性的信用惩戒机制和利益激励机。只有在全社会形成一个讲信用的企业受到尊重和激励、失信的企业受到惩罚的环境，才能实现中小企业信用体系的健康发展。中小企业信用惩戒机制和利益激励机制的建立主要包括四个方面：一是建立合理的惩戒尺度，以对不同程度的失信行为施以相应的处罚，同时对守信企业给予必要的利益激励。对失信缺信的中小企业，采取严厉的惩治措施，大幅度提高失信企业的社会成本与经济成本。对一部分恶意拖欠银行贷款或拖欠客户贷款的中小企业，由人民法院强制执行清偿；守信企业，工商部门可以对其给予免年检、免日常检查等激励措施，银行可以放宽贷款政策，并可根据中小企业清偿贷款的信用记录的良好程度逐年增加贷款额度等。二是建立失信行为的信息或举报机制，并将企业的不良信用记录于各相关数据库中。三是建立失信者出局制度和行业联动惩罚机制。凡是有不良信用记录的中小企业经营者，由全国各地工商管理部门和信用管理部门进行通报并记录在案，各地工商管理部门和信用部门实行信息共享，规定失信企业经营者在相当长时期内无论在何地均不得再注册开办企业，也不得再担任另一个公司或企业的主要股东、董事、经理与监事。四是建立被惩罚人申诉机制，并对诬告、诽谤者诉诸法律。

（五）完善中小企业信用监督机制

完善中小企业信用监督机制：一是要强化内部信用监督管理，即依靠中小企业内部信用管理机构对自身进行监督。中小企业内部应明确信用管理相应的人员和机构，把信用管理作为企业建设的重要内容。二是要建立规范的信息披露制度，强化信用行为的外部监督。充分借鉴国外经验，通过立法手段，在中小企业较多的行业内部建立中小企业共享的信用信息平台，在行业内部开展联合征信活动。规范中小企业的注册登记，建立中小企业经营者个人信用档案。通过对行业内相关信息的收集、更新和规范传播，提高行业内的信息对称度，减少行业内的失信行为。并充分运用信息网络技术把企业信用档案向社会公开，允许银行、企业、供应商、销售商和消费者自由查询中小企业的征信数据，实现资源共享。三是强化政府对中小企业信用的监督机制，通过对契约责任的履行和市场制度的设计以及行政法规的施行，对企业的行为进行监督检查，保护守信者，惩罚失信者，为信用体制的确立提供一个坚实的平台。四是建立媒体公众对中小企业信用的监督机制。通过新闻媒介加大对不讲诚信、恶意违约企业的曝光力度，建立失信中小企业“黑名单”公示制度，督促中小企业诚实守信，合法经营。

第十章

民族地区中小企业信用担保机构风险管理

做任何事都有风险，风险是客观存在的，不以人的意志为转移。随着网络社会的不断发展，人们对风险的认识、判断、管理能力都在提高。风险管理是科学管理的一项重要内容。风险既是挑战，也是机遇。如何科学地对待风险，防范风险，化解及转移风险，从而有效控制、分散、化解风险，是风险管理的目的所在。研究民族地区中小企业信用担保机构的风险管理对于民族地区信用担保机构的发展具有重要意义。

第一节　信用担保机构风险的特性

信用担保业务是一种纯粹的经济行为。担保机构是一个经营信用产品的特殊企业，其主要业务是为企业的融资提供信用担保，负担保责任，而且同其他当事人签订的担保合同又是从属合同。与商业银行风险、保险公司风险相比信用担保机构的风险有一些不同的特点。

一、高风险性

信用担保是国际上公认的高风险行业，担保机构经营的是风险，提供的服务是信用。信用担保的高风险性不仅来源于信用担保业务的对象——中小企业是个复杂而特殊的群体，还来源于信用担保的运作受到很多外部因素和自身因素的影响。各种错综复杂因素的交互作用，决定了信用担保机构在运作过程中必然面临多种风险。这就决定了其面对的风险比一般的金融机构，如商业银行要更高。银行在选择贷款企业的过程中处于优先地位，对于那些信誉度较好、符合银行贷款要求的企业，银行可直接采取抵押、质押等措施向企业直接放贷，而无须担保机构为企业提供担保。而那些由于经营状况不良、信誉度差等原因而不能满足银行贷款条件的企业，往往需要担保机构提供贷款担保。因此，从银行层面来看，需要担保机构担保的企业就已经是风险企业了，给风险企业贷款就会形成风险贷款，担保公司担保负有连带责任，实质上银行是把风险转嫁给了担保公司。显然，担保公司的经营风险要高于商业银行。银行可以通过企业开设的账户，随时掌握企业的资金流动状况，及时发现问题采取措施提前收回贷款，或从担保账户扣收贷款，或转嫁担保公司由担保公司代为偿还，银行贷款资金不受损失或少受损失。而担保机构对企业的监督没有银行那么方便的条件与渠道，难以深入了解企业实际状况，没有便利的条件提前止损或化解风险，担保机构的高风险就不难理解了。由此可见，担保机构的高风险性既有来自被担保企业的风险，又有来自银行转嫁的风险，还有担保机构自身经营的风险，三重叠加，形成高风险性的可能性增大了。

二、特殊性

众所周知，担保行为是保证人与债权人之间的约定，当债务人不能履约时，保证人要按照约定履行债务或者承担责任行为，可见保证人的业务风险很大程度上来自债务人风险。担保机构为债务人提供担保后，就把债务人的风险加到了自己头上。当债务人无法偿还时，担保人要代为清偿，若不能最终收回代偿资金，就导致损失，这就是特有风险。

担保机构风险的特殊性体现在其发生机制具有较强的主观性和不确定性，与保险公司所经营的客观的、可预期的风险有很大区别。担保项目的金额、期限各不相同，收取的担保费不尽一致，反担保措施的千差万别，担保项目的离散性很大，无法精确计算总的担保费率，而且国内的大多数担保机构都是政府出资，以扶持中小企业融资为主要责任，收费标准都很低，无法弥补风险损失。保险公司的保险业务可以通过一定的方法，比较准确地计算出风险损失率，从而确定保费率以达到弥补风险损失，控制经营成本，并能获得利润。而担保公司的业务为第三者担保，处于从属地位，不与担保对象直接发生关系，这就造成了特殊的担保业务关系，导致担保风险的特殊性。正因为担保机构风险具有特殊性，担保公司对待每笔担保业务均采用个案分析方法，结合担保项目和被担保企业的实际情况设计不同的担保方案，以达到控制风险范围的目的。事实上，个案的不同担保方案又不同程度地体现了风险控制的不易性与复杂性，这也是其风险特殊的表现。

三、双重性

担保机构风险的双重性是指其风险是来自于被担保企业和银行两个方面。一方面，被担保企业如果不能按期偿还银行贷款，那么担保机构就要代替被担保企业偿还贷款，这是担保机构风险的主要方面。另一方面，担保机构在与银行的合作过程中，担保机构承担了大部分甚至是全部的风险，银行承担的贷款风险很小。只有在这种情况下，银行可能降低贷款标准，让更多的不具备条件的企业通过担保机构的担保获得贷款担保，加大了担保机构的风险。担保机构在进行信用担保的时候，还承担着双重的“逆向选择”和“道德风险”。双重“逆向选择”表现为效益好、发展潜力大的企业担保的风险小，但这类企业很少要求担保。而那些效益差、前景不容乐观的企业却更努力争取担保。另外，由于担保机构负有连带清偿责任，银行在发放贷款前就可能会降低对企业经营状况调查和资信审查标准，还节约了相关费用。双重的“道德风险”主要表现为企业获得所需资金后，由于担保公司的担保，还款压力和动力将有所减少，银行相应的监管积极性和监管力度也会降低，担保机构同样承担了双重的“道德风险”。可见，担保机构对融资业务的担保具有明显的“双重性”特征。

信用担保公司是银行与企业间的中介与纽带，可以增加信息的透明程度，降低不对称性。担保公司对企业来说是潜在的债权人，对银行是潜在的债务人，其风险既与企业相关又与银行相关。

四、可控性

前面的研究主要集中在担保机构的风险的客观方面，必须充分理解与认识。如果只看到客观风险就很难理解担保业务的发展与担保机构的存在了。信用担保机构的担保业务风险也还有主观方面，表现为担保机构的风险是可控的。

可控性是指担保机构风险是可以采取有效措施控制的。担保机构风险的可控性主要体现在风险管控的环节上：一是对担保企业的筛选条件的控制。银行和担保机构对申请担保的企业制定了严格的条件标准，并按照条件标准对企业进行审查。担保机构的担保对象也是有选择的，不是只要有贷款需求的企业担保公司都可以担保，可供担保的企业是有一定条件要求的。淘汰那些达不到条件标准的企业。二是对担保业务审核的过程控制。通过银行对企业的贷款申请、资信状况、经营状况和偿债能力的专业审核，担保机构能够获取是否为企业提供担保的相关建议，担保机构也有一系列规定的法律章程、制度与操作程序，对每个担保企业及每笔担保业务进行评价与判断。还可以引入第三方审查，进而决定最终的担保决策。三是监督控制。监督控制的对象包括担保机构的担保审核、银行的贷款审核与被担保企业的资金使用。四是强制控制。担保机构可采取对被担保企业强制收取风险担保金、强制反担保等措施以及担保机构向其他担保机构申请再担保等措施，控制担保风险。

五、可追偿性

担保机构风险的可追偿性是指担保机构代替被担保企业偿还债务后，可以要求被担保企业还债。担保机构为企业提供信用担保，承担着巨大的风险。虽然担保机构通过担保制度及相关措施手段对担保风险进行防范，降低了一定程度的风险，但不能完全避免风险。如果被担保企业没有按期偿还银行贷款，担保机构则必须承担代偿责任，但同时享有向被担保企业追偿债务的权力。一旦被担保企业有能力偿还债务，则担保机构就可以采用包括诉诸法律在内的适当手段追偿债务，挽回自身的担保损失。同时，担保机构还可通过提取保险风险金的办法来对无法追偿的债务进行一定的补偿。但必须清醒地认识到，风险金补偿是十分有限的，比起担保的债务风险，只是杯水车薪。这也正是担保机构一旦发生代偿债务不能偿还时就难以为继，最终倒闭破产的原因。

但是从另一个角度来看，信用担保风险的可控性相对较低。从中小企业本身状况来看，信用担保是为中小企业的经营风险提供担保。一般情况下，找担保机构担保的往往是家底薄（负债率高）、效益差、缺乏后劲、银行认为风险较大的中小企业，可见担保公司是高风险贷款担保的集中地。要防范和规避风险是一件不容易的事，因为预测和评价的准确性受制于担保公司的信息质量和素质，更重要的是这些中小企业的不确定性因素实在太多，难以全面、准确预料。另外，这些中小企业不会有其他企业为其提供反担保，也没有易变现的合法资产提供抵押。因此，担保机构要想有效地防范和规避风险，是非常困难的。担保债务的追偿难度是很大的，有时就得做好拿时间换空间的准备。可见，持续经营对担保公司是异常重要的。

担保机构的追偿债务的难度，还体现在风险与收益的不对称性上。担保机构风险的不对称性表现为其担保收益和担保损失的不对称。一般情况下，风险与收益应具有对称性，即高风险带来高收益，风险小收益自然也小。但担保机构的市场定位和功能定位决定了其风险与收益关系的不对称性。担保机构面向的客户大部分是风险较高的中小企业，这些企业也难以接受高收费标准，担保机构不能采用完全市场化的高收费标准来弥补较高风险所带来的损失。因此，担保机构实施担保业务的低收益与其承担的高风险极不对称，难以形成有效的风险补偿机制。

第二节　信用担保风险的类别

从信用担保风险评价与控制研究的角度，信用担保风险可以分为信用担保项目风险（即信用担保机构中单个担保项目的风险）和所有担保项目组合而成的担保机构整体风险两个层面。

一、信用担保项目风险

信用担保项目风险是指影响单个担保项目的所有因素的不确定所带来的出现代偿损失的可能性。被担保企业的信用风险是信用担保项目风险的主要构成内容，亦是信用担保项目风险评价的核心，其风险包括担保项目借款人中小企业的风险，项目的贷款人银行的风险，项目担保人自身的风险，以及政策性、规范性等环境风险等。主要可概括为以下六大风险源。

（一）道德及逆向选择风险

道德风险是指主要经营管理人员的道德品质、管理能力和经营战略的风险。道德风险表现为人情担保或挪用侵占担保项目资金，甚至出现弄虚作假、以权谋私、以保谋私等行贿受贿的行为，使担保机构受损。例如某公司法人代表有一定的管理经营经验，注重经营和资金运用。作为公司的董事长，他大权独揽，不允许其他股东干涉经营。在财权上，他表面上作了让步，即采用“双任联签”制，在财务支出上由该公司的负责人和投资公司派到该公司的财务总监对重大支出进行审核签认。但同时他又单设机构，对非生产性资金独立操作，赚取最大的资金收益。这种变通的做法就增大了担保机构的风险。有的申请担保的中小企业，为了获得银行与担保公司的支持，不惜利用提供虚假信息、隐藏真实性情况与数据等手段获得担保与贷款，一旦获得项目贷款，会更加扩大信息的不对称性，加大信用担保项目的风险。

（二）市场风险

随着全球经济一体化的推进，企业将面对一个充满国际竞争的市场，相互间会竭尽全力地争夺有限的市场份额，市场竞争会越来越激烈。同时，集团化大企业同样也时刻关注着具有良好市场前景的产品，尤其是中小企业的产品。一有机会，大企业便会毫不犹豫地利用自身的资金和技术优势，介入产品竞争，削弱中小企业有限的核心竞争力。市场竞争格局与方式，带来中小企业发展的“两极化”倾向，使得中小企业的信用担保项目风险更加确定化、显现化。有限的市场介入了大企业的竞争，最终形成的格局就是有一定市场份额、资源较好的中小企业可能被大集团并购、重组；某些专业化水平低下、生产设备落后、资金不足、没有创新意识、技术开发能低、势单薄弱的中小企业在市场竞争中是无任何优势可言的，慢慢将会出现关闭、破产事件。对中小企业而言，市场风险是不容忽视的，甚至有可能就是导致经营失败的直接原因。众所周知，市场风险是客观存在的，是不以企业有无担保而转移的，时时有风险，事事有风险。当然市场也蕴藏着机遇，也有化风险为机遇，化腐朽为神奇的转危为安的可能。

（三）财务风险

财务风险是企业财务活动中由于各种不确定因素的影响，使企业财务收益与预期收益发生偏离，因而造成蒙受损失的机会和可能。企业财务活动的组织和管理过程中的某一方面和某个环节的问题，都可能促使这种风险转变为损失，导致企业盈利能力和偿债能力的降低。财务风险主要表现为因借入资金而增加丧失偿债能力的可能所形成的筹资风险；因不确定因素致使投资报酬率达不到预期之目标而发生的投资风险；因产品销售环节中，出现的货币资金收回时间和金额的不确定性，以及由于收益分配可能给企业今后生产经营活动产生不利影响而带来的收益分配风险。不仅如此，财务风险还包括会计核算、会计处理方法等不科学、不合理、不真实而造成的风险。不可否认，许多中小企业在财务管理上还存在着报表账册不全、科目项目管理混乱的情况，甚至出现假账等财务信息失真等现象，给项目评价与管理判断设置了障碍，从而形成风险。

（四）企业经营风险

主要体现在以下三个方面：

第一是管理能力风险。管理水平的高低是影响企业竞争力的重要因素之一，管理者的能力直接关系到企业今后的发展方向以及潜力。对于民族地区的中小企业来说，企业经营者多为白手起家，或是拥有创新发明的技术人员，他们没有很专业的管理能力，他们的管理能力对企业未来发展很可能是一个短板。企业拥有良好的市场条件，又具有较强的技术发展能力，但限于其管理能力的差距，很难做大做强，或是创业扩张阶段还具有较强优势，但一旦形成规模，实行大批量生产经营，就会使原有优势丧失，逐渐失去发展后劲，甚至出现破产倒闭。可见，因管理能力问题引起的风险对中小企业来说尤为突出，必须引起重视。管理能力的高低更是决定企业兴衰成败的关键因素之一。

第二是发展能力风险。发展能力通常是指企业未来生产经营的发展趋势和发展水平，是企业的资产、销售（营业）收入、收益等方面的成长趋势和增长速度。企业的发展能力对投资者、债权人和其他相关利益团体至关重要。中小企业的发展能力是企业盈利能力、营运能力和偿债能力的综合体现，是其偿还银行贷款的保证。因此，中小企业是否具备一定的发展能力是信用担保项目风险的评价内容之一。一般而言，中小企业都是具有高成长性的。而民族地区的中小企业有其特殊性，企业层次低、规模小，抗风险能力相对较弱，企业的技术含量较低，大多为资源型、服务型的企业，不具备一般中小企业高成长性的共性特点，发展速度较慢，或成长空间有限，因此其发展能力风险异常突出。

第三是创新能力风险。对于中小企业来说，企业的创新能力是其进步和发展的灵魂。对中小企业创新能力风险的评价是担保机构进行担保项目风险评价的重点之一。企业的创新能力主要指技术创新能力，是指企业对新技术（含新产品、新工艺）的研究开发、生产应用、进入市场并实现商业利益的经济技术活动。是一种善于把握市场机会和技术机会、创造新的商业机会的能力，是一种不断追求卓越、追求进步、追求发展的理念。前面的论述我们知道，民族地区中小企业由于受历史、地域政策等的限制，缺乏应有的创新能力。因此，创新能力风险尤为重要。

（五）政策和行业风险

中小企业的行业风险主要表现在以下三个方面：其一，中小企业对国家的产业政策、行业政策把握不准，易对宏观行业形势估计过于乐观而导致投资失败；或者对行业市场信息反映相对滞后，行业市场趋于饱和时未能及时采取限产或转产措施以适应市场的需求与竞争，从而出现产品积压、销售不畅等，诸如此类的问题给企业发展背上了沉重的包袱，造成困难。其二，民族地区的中小企业大都从事传统行业产品生产与经营，而传统中小企业中有相当多的企业集中在危险程度高、资源浪费和环境污染严重的行业。这些行业容易发生安全事故，国家产业政策一般又不鼓励甚至限制，极易受国家宏观政策调整的影响。国家在调整产业政策时，先拿地方性中小企业试点“开刀”，而且“一刀切”的做法，往往是只砍了发达地区的“尾巴”，却砍了民族地区的“脖颈”，前者无生存之忧，而后者有生命之虑。其三，新兴中小企业大多集中在消费者偏好不断变化，要求产品迅速更新的行业，这些行业同时也是国际国内市场竞争性非常强的行业，这将大大增加中小企业的行业风险。

长期以来，我国在经济发展过程中，过分强调大企业的地位与作用，政策投放与资金支持都向大企业倾斜，中小企业很难得到国家政策或政府资金的保护。在宏观政策方面，要么是“参照”，要么是“真空”，存在着政策风险。从金融环境看，我国金融体系也一直是以国有企业，特别是国有大企业为主要服务对象。以担保机构为例，《担保法》为担保机构的运作提供了法律保障，但由于担保机构的专业性较强，《担保法》的部分条款过于笼统，比较侧重债权人的利益保护，而对保证人的权益保护不够，不适合担保机构业务活动的需要。现阶段，政府行为对信用担保机构的管理着要么过分干预，要么放任不管，对中小企业的管理出现“一管就死，一放就乱”的尴尬局面。要规范信用担保市场，确实需要社会各方面的共同努力，离不开国家宏观政策支持和法律法规的规范。

（六）历史及关联风险

企业历史沿革中成立前与成立后由于历史时间的关联，形成潜在风险，例如“职务发明”、“竞业禁止”、“或有负债”状况、主要技术人员离开原企业建立新企业，利用原企业技术进行生产等。这些都对被担保企业造成潜在的威胁，形成信用担保的历史风险。

关联风险是指企业与企业的关联，包括资本的关联、人员的关联和业务的关联而形成的风险。资本的关联主要体现在投资与被投资、持股与被持股的关系上；人员的关联是一人在两个或多个企业担当重要职务；业务关联是一个企业在一种产品生产或经营中处于其中的一个环节，该企业的生产经营受到上一环节和下一环节的生产或经营的影响和制约。从资金的角度看，关联企业的资金很容易在关联企业之间流动，造成贷款企业的资金流失，到期无法偿还贷款。同时，关联风险又是“关联保险”，贷款人乐意的话，可以从其他关联企业调剂资金，归还贷款。从单个企业的信用担保看，似乎“关联保险”的作用更明确。如果从关联企业的整体看，又容易形成“关联风险”，特别是中小企业间的“关联保险”更容易出现“关联风险”。

二、信用担保机构整体风险

信用担保机构提供的是特殊金融服务，其面临与承担的信用风险远远高于银行或其他债权人所愿意或能够承受的高信用风险，其信用担保业务有效地增强了债务人的信用，一定意义上讲担保机构就是经营信用风险的企业。在某一个时间点上，担保机构承保着多个项目，各项目间风险情况各异，所有项目聚集形成的风险就构成信用担保机构整体风险。换句话说信用担保机构整体风险是指在一个信用担保机构内，整合了所有的信用担保项目风险后所得到的综合风险。我们可以把信用担保机构在担保过程中所面临的风险分为信用风险、市场风险、法律风险和经营风险等。

（一）信用风险

信用风险是指在信用活动中存在的不确定性导致经济主体遭受损失的可能性。担保机构所面临的信用风险是指由于被担保企业因还款能力不足，或不愿意履行还款承诺而将还款的责任转嫁到信用担保机构，触发担保机制启动，担保机构为担保企业承担偿债义务，一旦被担保企业无法偿还代偿资金，就可能发生风险承担损失的可能性，如被担保企业无理由强制性拖延（未经担保机构和银行或其他债权人同意下的还款期限拖延）还款期限、担保本息部分损失或全部损失等不同的违约形式造成的债务追收成本及最终导致的损失可能不同。在目前信用体系尚不完善、企业信用意识不够、逃废债现象较为普遍的信用现状下，服务于经营风险较高之中小企业的信用担保机构所面临的信用风险程度是比较高的。尤其在获得担保机构的担保合同、贷款到位后，经营短视、道德风险较高的企业，可能出现还款压力较大和还款意识不强的问题，严重的可能会恶意逃废债、转嫁风险，造成担保机构的信用损失。

（二）市场风险

市场风险是由于单个被担保企业破产倒闭、单个担保市场混乱而导致信用担保机构相继出现经营困难甚至倒闭的状况，可能会引发整个担保市场崩溃的风险。信用担保机构市场风险，主要体现在三个方面。一是由担保企业经营不善，衰败破产而造成的引发性市场风险。目前我国信用担保机构的风险管理水平有限，中小企业信用体系还不够完善，中小企业本身的实力还比较小，生存条件还比较差，致使中小企业破产倒闭时有发生，“跑路”、“失联”消息不断。中小企业较短暂的生命周期，引发了担保机构的市场风险，造成担保机构的损失乃至破产。二是由反担保抵押、质押物的市场价格波动引起的抵押、质押物的价值减值或损失引发的市场风险。抵押、质押物的价值随市场条件发生变化，当价值大幅度下降时，其对信用风险的抵御作用将受到很大影响，一旦发生代偿，担保机构的资金将受到严重威胁。若发生代偿资金追偿困难，一个企业的反担保风险会致使担保机构破产倒闭。三是担保机构的少量证券投资也存在着一定的市场风险，风险大小视投资的证券品种而不同。

（三）法律风险

担保机构的法律风险来自交易一方（主要是被担保的中小企业）不能对另一方（主要指银行等债权人）履行合约的可能性，是指因不能执行的合约或因合约一方超越法定权限的行为而导致损失的风险。法律风险包括担保合约潜在的非法性以及对方无权签订合约的可能性。当担保机构采用反担保措施抵御、减少信用风险时，法律风险却增加了：有些反担保措施不能实施有效的法律手续，各种合同的制定需要起草缜密的法律文件，债务追偿需要通过法律手段等，因而在各个环节中防止法律漏洞以减小法律成本是非常必要的。我国的《担保法》更侧重于保护债权人的利益，对担保人的权利保护虽然也作出了明确规定。但在实际运作中，担保机构选择的余地较小，对担保人的权益保护也比较笼统，操作难度较大，致使担保机构的法律风险进一步扩大。

（四）经营风险

注册资本金不到位已经成为我国中小担保机构中存在的普遍现象。担保公司的担保和与其担保资金实力密切相连。目前很多担保公司仅有可流动的较少保证金，尤其是发展迅速的增长型担保公司，往往会面临担保资金不足的筹资风险。当担保机构经营达到一定阶段，原股东又无力继续提供所需担保资金，将会直接导致银行授信减少，影响其业务发展。

信用担保机构的内部治理结构不完善、缺乏严格健全的规章制度、业务操作流程不规范、对被担保企业监督不够也会引发的风险。如果担保机构经营管理水平不高，必然会增加担保机构的经营风险，造成担保机构的无谓损失。

特别需要指出的是那些通过政策性出资建立的政府担保机构，行政干预仍很突出，实行企业化运作和市场化经营难度大。政府相关部门奉行“谁投资，谁决策”的原则，认为政府在项目的决策上有表决权，所以政府项目、领导项目层出不穷，甚至利用对中小企业的信用担保进行“设租”与“寻租”，导致政策性担保机构经营中的“短期化”与“政策化”。政策性担保机构一般收取较低的担保费，很难实行有效的资金补偿机制。商业性担保机构，对担保业务要承担100%的风险。合作银行把风险转嫁，又在利益与风险方面处在有利地位。这种机制与风险的不对称性，使得担保项目发生的风险均由担保机构承担。一定程度上也限制了担保业务的发展，经营风险必须防范。

第三节 担保机构风险管理的对策

民族地区中小企业信用担保机构，要生存、要发展、要成长，首先要正确认识其所面临的各种风险，对风险实行有效管理。公司的风险管理就是对影响公司收益与价值的风险因素实施有效管理，因为风险总是伴随收益的。公司实施风险管理，可有效降低公司价值分配的变异程度，进而增进公司价值。一般而言，担保机构及风险管理主要体现在风险识别、风险度量与防范、风险评价及风险控制四个环节中，需要指出的是不同信用担保机构面临的风险是有区别的，其管理的内容与重点也不相同。我们认为，作为经营信用担保产品的担保机构，风险管理应建立与完善风险控制机制、风险分散机制与风险补偿机制。一是建立健全风险控制机制，就信用担保机构而言，除了担保公司与被担保企业之间存在着信息不对称外，在担保机构内部也存在着股东与经理之间信息的不对称。正确认识内外部信息的不对称性，构建有效的内部控制机制，是公司可持续发展的保障。按照控制目标所程序化建立的控制体系，它是由不同的职能、部门、人员、环节等因素交织在一起，从而发现风险、防范风险，实现其经营目标。风险控制机制就是建立内部一系列制度，如“业务报告制度”、“业务环节分离制度”、“审批权限制度”、“内部经营稽查制度”等。二是建立健全风险分散制度。风险分散是指增加承担风险单位以减轻总风险的压力。就信用担保公司而言，可进行三方面的努力，即建立“风险责任分担机制”，与合作对象银行能够共担风险、共享利益；建立“反担保机制”，就是被担保企业能够有效提供反担保物及第三方保证，共同提高抗风险能力；建立“再担保机制”，对担保公司的再担保，可有效保障债权的实现，双方按约承担责任，享受权利。三是建立健全风险补偿机制。由于在业务经营中，会出现一些不可预见、不可抵抗的因素，使信用担保机构无法有效地回避风险，因此必须采取一定措施，建立一定的机制予以补偿。一个完善的补偿机制能够增加抵抗风险的能力。目前比较可行的做法是，提高担保风险准备金率，加大政府对担保公司的补偿扶持力度。

当前，针对民族地区中小企发展现状及中小企业信用担保机构的现状，对风险管理提出如下对策建议。

一、建立担保公司规范法人治理结构

公司治理是关于机构利益相关者，尤其是股东、经理人和债权人之间的权责利关系安排，即基本结构决定了金融机构对风险的承担和管理以及相应风险—收益的分配，从而对内部控制甚至整个金融机构的风险管理活动起基础性决定作用。公司治理与企业风险管理密切相关，公司治理包含了强化风险管理的内容，许多企业的公司治理准则都明确提出风险管理是董事会的一项主要职责，董事会有责任确保适当的风险管理系统和政策到位。目前，公司治理结构相对合理的上市公司，董事会都有健全的内部控制体系、风险控制目标、风险与战略决策机构等一系列风险管理措施。良好的董事会和公司治理是有效实施企业风险管理的必要条件。董事会的积极参与能促进风险管理的研究与成功，而公司治理的缺陷将导致内部控制和风险管理从根本上失效。一个有效的风险管理和内部控制体系应该建立在良好的公司治理的基础上，由高层领导制定并身体力行开展风险管理工作，可以保证风险管理工作的独立性，并且他们本身的活动应该成为监督和管理的首要对象。在完备的公司治理结构的基础上，强化风险管理职能机构的设置和股权结构的调整就显得异常重要。

担保公司，特别是地方性的民营担保公司，要按照现代企业制度的要求，优化股权结构，实现股权多元化，以解决股本太少、资金规模太小、经营实习较弱、抗风险能力较差等问题。要实现股权多元化，首先，对现有担保公司的内部资金进行重新界定、调整和设置，明晰投资者的产权关系，并积极吸纳其他成员，让核心员工成为公司的股东、参与企业的经营，将员工的利益与企业的发展效益直接挂钩。其次，通过引进公司战略投资者、市场化的兼并收购以及公开市场等途径，引入其他成分的资本，使资本结构达到优化、多元。

二、风险管理工作要专门化

（一）设立独立的风险管理部门和首席风险官制度

按照全面风险管理的框架要求，风险管理部门应该独立于担保业务部门设立，专司风险管理工作。风险管理部门的主要职责是：制定公司实施全面风险管理计划，建立健全风险管理制度；监督和执行风险管理制度；对担保项目的风险进行全方位评价；负责公司法律风险事务；召集风险分析会议等。风险管理部门不再是担保业务流程中某一环节的审查人，而是独立于业务操作部门，对公司风险管理目标的制定、风险管理制度的执行以及担保业务决策进行全面的介入和干预，并且通过资源整合和数据分析，为决策者提供具有全局性的和整体性的风险管控建议。近年来，随着我国现代信用担保公司群体不断发展壮大，担保行业吸引了一批国外风险投资公司的关注，一些新的风险管理制度也被投资公司带进担保行业。比如，美国某基金公司投资公司投资数亿美元与内地某担保公司合资，在担保公司风险管理中首次引入了首席风险官（CRO）的设置，在审查项目时，和公司总经理都具有一票否决权。担保公司要建立首席风险官制度，置风险管理于公司业务管理的突出位置。成熟发达国家行之有效的首席风险官制度要在我国民族地区中小企业信用担保机构业务经营中不折不扣地实行，以强化风险管理工作。不断完善的风险审查机制为担保公司的担保项目提供了安全保障，推动着担保业务的发展。

（二）建立风险审查委员会制度

担保公司要建立专门的风险审查委员会制度。风险审查委员会的职责不仅仅限于对担保业务进行风险管理和控制，它要从公司全局的高度，与公司其他专业委员会一起，对公司战略目标的制定、公司资源的整合分配、风险管理制度的建立以及投资业务的决策等重大问题进行指导和规划。风险审查委员会主任负责召集各风险审查委员召开审查会议，对项目进行审查与表决，按多数原则对项目进行审批。风险审查委员会的成员要来自不同行业，既有担保公司内部的专家及高官，也有公司外部的专家学者，综合素质较高，在法律、财务、市场营销等方面有专长，实行集体评审，确保对担保项目进行客观评价。

（三）建立重大项目专家评议制度

由于受技术资源和知识结构的限制，对于一些重大项目和特殊项目，担保公司启动专家评议制度。如担保公司组建包括政府部门、大专院校、科研部门、金融机构等不同领域和行业的专家学者和业内精英在内的专家库，对于一些金额较大、涉及重大政策和技术问题的项目，在公司内部业务评审基础上，组织召开专家评议会对项目进行评议。专家评议会可以采用专家“面对面”集体讨论评议的方式，也可以采用“背靠背”评议的方式，让专家给出独立的意见。一般来讲，专家的评议意见不具有法律效力，仅作为公司决策层的评审参考。专家评议制度是担保公司项目决策时对“外脑资源”的利用，是公司重大业务决策、有效控制担保风险的重要手段。

三、经营管理人员专业化

担保风险的高发性、离散性与不确定性，势必要求担保公司管理层和员工具有很高的业务素质和优良的职业道德。项目经理作为项目的经办人，对项目风险的控制负主要责任，要通过建立有效的激励约束制度，使项目经理具有高度的责任心与敬业精神。建立项目经理的 AB 制，由两名项目经理共同处理同一项目，共担责任，互相制约。为使项目经理具有工作热情，应建立完善的绩效考核制度；将项目的收益、风险与项目经理人的投入分配挂钩。同时，应建立项目经理的问责制，对项目经理的行为进行监督管理，项目管理实行终身责任制。项目管理及实施以及项目风险的认识与管理能力需要大量业务积累，项目风险经理必须具有良好业务素质和较高的职业道德。与银行客户经理相比，担保公司的项目经理应该比银行客户经理有更强的风险意识、创新意识，勇于担责、敢于创新。担保公司建立一支具有高度责任心，并具备财务、管理、法律、投资等专业知识的员工队伍就显得异常重要和迫切。这样就可以从战略上规避掉一些由于员工素质不高而引发的风险。在担保公司发展过程中，也要注意不断吸纳优秀专业人才，同时要加强对原来员工的培训工作，确保知识储备和业务更新。

四、建立科学完善的内部控制制度

所有的理论和框架，最后都要以规章制度的形式固化起来，并保证得到切实的执行和实施才会发挥作用。担保机构应以全面风险管理框架和理念为指导，建立一个科学完善的规章和管理制度体系，做到各项业务开展和经营管理活动有章可循、有法可依。

（一）严把担保项目的调查和初审关

担保企业申请担保并得到担保公司的立项后，担保业务正式进入第一个阶段，即项目的调查和初审。这一阶段是整个项目操作的起步阶段，也是至为重要的阶段。此后对担保项目的风险评估、评审及审批在很大程度上取决于该阶段对担保项目情况了解的真实性、全面性和客观性。担保公司要实行项目经理全程负责制，即明确项目的主办者（A 角），对担保项目实行全过程跟踪管理并负主要责任，同时指定另外 1—2 人担任项目 B 角，负责对中小企业提供的原始资料真实性进行核查，确保初审报告真实准确。担保项目调查和初审的主要内容如下：

一是基本情况。包括：企业简介（企业成立时间、组织形式、经济性质、主要经营范围、历史沿革等情况）；企业股权结构及投资情况；企业管理情况：管理层简况（包括企业董事长、总经理、副总经理、技术负责人、财务经理等主要管理人员的姓名、年龄、学历水平、工作经历、社会职务等基本情况）；组织机构情况和人员构成情况；企业及主要管理者资信状况（银行开户情况，企业近三年银行融资记录，企业对外担保情况，贷款卡查询情况，企业纳税情况等）。

二是行业、市场及主营业务情况。包括：行业情况（行业背景、有无政策限制、目前市场供求状况和竞争程度、行业中影响经营好坏的关键因素、未来发展趋势等）；企业主营业务和市场情况（企业主要产品、主营业务、生产、经营、科研条件）；企业经营方式及市场区域范围，包括生产经营方式、业务运作流程、盈利模式，上下游客户；企业竞争力情况（企业品牌知名度、“进、销、存”环节的优势、价格策略、主要竞争对手情况等）；企业未来发展规划情况（企业未来几年在经营范围、资产投资、市场开拓等方面的规划情况）。

三是企业财务状况。分析与掌握被担保企业资产负债状况、收益变化状况及现金流增减状况，掌握企业主要财产指标，对企业的盈利能力、营运能力，特别是偿债能力作具体分析与判断。填写简要资产负债表及构成，进行资产及负债情况分析。填写简要利润表及构成，进行损益情况分析。填写简要现金流量表（金额单位：万元），进行现金流量分析。

四是借款用途和还款来源情况。分析与判断借款用途及资金需求，借款用途是否真实，还款来源是否可靠。

在以上分析基础上，提出担保项目初审的综合意见，并形成书面的调查和初审报告。

（二）实行担保项目的审、保、偿分离制和总经理签批制

一是建立担保项目的审、保、偿分离制度。成立担保业务评审委员会，定期召开项目评审会议，通过投票方式进行表决，三分之二票数以上为通过。担保项目的调查和初审以及反担保方案的落实、保后监管由项目经理A、B角负责。担保项目到期如银行没有收回或全部收回贷款，由项目经理会同银行共同追偿，如需代偿，由财务人员办理代偿手续。项目发生代偿后进入追偿阶段，项目要移交法律部门，由法务经理接手，按照公司审定的追偿方案进行追偿。

二是建立担保业务总经理签批制度。总经理对担保业务评审委员会呈报的拟通过项目具有一票否决权，但没有一票通过权，即经审保委员会评审通过的项目，总经理具有最后决定权，可以根据项目情况对项目实行“一票否决”，或者要求审保委员会对项目进行复议或者对项目有关情况进行重新审核，但是对经担保业务评审委员会审议未通过的项目，不能“一票通过”。

（三）细化担保业务日常监管和跟踪工作

担保业务经理应定期（如每月或每季度）对在保项目进行跟踪调查，填写《受保企业跟踪情况报告》，将担保业务运作情况以书面总结与当面陈述相结合的形式向董事会或风险管理职能部门报告。在担保期内，如发现企业有如下行为或趋势，应及时报告并根据具体情况采取必要的补救措施：（1）抵（质）押物价值有明显减少或可能减少；（2）抵（质）押物有明显变化；（3）受保企业或人陷于重大民事、经济纠纷中；（4）受保企业或人很明显没有还款意愿；（5）受保企业经营困难、现金流量极度匮乏等。另外，合同到期日前一个月，业务经理应提前通知被担保人作好还款准备，督促被担保人尽早准备还款资金，并确认被担保人是否具备还款能力和意愿。如果确认被担保人没有还款能力或没有还款意愿，担保机构应进入风险处理程序，作好对抵（质）押物进行处理和诉讼的准备。

（四）完善担保业务的绩效考核和内部审计

目前，风险调整绩效度量方法已经成为学术界和业界公认最有效的对绩效进行评价的经营管理手段。RAPM 是建立在风险评估的资产组合框架基础上的，其结果可以被管理者和各业务部门用来分辨、评估和度量资产组合的风险，并有助于形成对市场风险、信用风险、操作风险和流动性风险政策的整体认识，最终将不同类型的风险转化为一致的形式加总。内部审计部门通过监督控制环境和控制程序的有效性，监督内部控制系统是否被执行，并及时反馈有关结果的信息，帮助企业更有效地实现预期控制目标。同时，在监控过程中，内部审计可以促进控制环境的建设，为改进控制制度提供建设性建议，为组织成功地达到所需要的内部控制水平服务。当然，担保机构也可以借助外部审计机构来实现监督的职能。

（五）严格执行担保公司的财务管理和风险准备金制度

担保公司要建立健全严格的财务管理制度，贯彻执行财政部《关于加强地方财政对中小企业信用担保机构财务管理和政策支持若干的通知》和《企业会计准则—担保机构》有关规定。要按照国家规定，足额提取中小企业担保业务各项风险准备金，即按照年担保费的 50% 提取未到期责任准备金，按不超过当年年末担保责任余额 1% 的比例提取风险准备金，要按照注册资本的 10% 提取保证金。其他货币资金，不低于 80% 的部分可用于银行存款，以及买卖国债、金融债券及国家重点企业债券，不高于 20% 的部分，可用于买卖证券投资基金等其他形式。各项风险准备金的提取，要保证担保机构的即时代偿能力；担保资金的运用，要保证担保资金的保值增值。

参考文献

[1] 高正平:《中小企业融资新论》,中国金融出版社,2004 年。

[2] 张建营:《中小企业融资实战》,中华工商联合出版社,2006 年。

[3] 杨娟:《中小企业融资结构:理论与中国经验》,中国经济出版社,2008 年。

[4] 林毅夫、李永军:“中小金融机构发展与中小企业融资”,《经济研究》,2001 年第 1 期。

[5] 曹凤岐:“建立和健全中小企业信用担保体系”,《金融研究》,2001 年第 5 期。

[6] 蒋伏心、周春平:“交易成本、非正规金融与中小企业融资”,《世界经济与政治论坛》,2009 年第 2 期。

[7] 林汉川、秦志辉、池仁勇:《中国中小企业发展报告》,北京大学出版社,2014 年。

[8] 李思维、黄玉龙、姜晓华:“关于中小企业信用担保机构的辨正”,《改革与战略》,2006 年第 1 期。

[9] 林毅夫、李永军:“中小企业融资根本出路在何方”,《证券日报》,2003 年 4 月 13 日第 4 版。

[10]《中国中小企业年鉴》编委会:《中国中小企业年鉴 2011》,企业管理出版社,2011 年。

[11] 梁积江:《趋同与融合:民族地区区域经济一体化研究》,中央民族大学出版社,2008 年。

[12]《中国中小企业年鉴》编委会:《中国中小企业年鉴 2012》,企业管理出版社,2012 年。

[13]《中国中小企业年鉴》编委会:《中国中小企业年鉴 2013》,企业管理出版社,2013 年。

[14]《中国中小企业年鉴》编委会:《中国中小企业年鉴 2014》,企业管理出版社,2014 年。